L'ODEUR
DE LA MER

Illustrations de
SOLVEJ CRÉVELIER

Castor Poche Flammarion

Philippe Barbeau

L'auteur est né à Blois en 1952. Avec sa compagne et ses trois enfants, il habite un village du Val de Loire où il exerce la profession de rééducateur en psychomotricité. S'inspirant du monde qui l'entoure, il écrit selon ses envies, mais toujours pour son plaisir, des romans et des contes, des chansons et des scénarios de BD.

Il met en scène le plus souvent des personnages au grand cœur, simples et bons vivants. Puisant son inspiration dans le quotidien, il se laisse porter par son imagination, qui l'emmène sur des chemins réalistes, mais aussi parfois, dans des directions extravagantes ou féériques.

En dehors de l'écriture, il se passionne pour le sport, la musique, la lecture... et les jeux de mots.

Du même auteur, dans la collection Castor Poche :
Accroche-toi Faustine, n°341 ;
Un sprint pour Marie, n°479 ;
L'année Rase-Bitume, n°535.

Solvej Crévelier

L'illustratrice de l'intérieur a une double vie : elle se partage entre son appartement parisien et sa maison provençale, son métier et sa famille, son grand chien Clarinette et son petit chien Biba.
« Être illustrateur, c'est voyager ; à travers le monde, à travers le temps, parfois seulement à travers les mots... voyager dans la tête. Ce sont les plus beaux voyages car ils restent toujours des rêves. »

Manu Boisteau

L'illustrateur de la couverture aime : se lever le matin, l'andouillette, les beaux-livres, les objets idiots et inutiles, la typographie, Charlotte et son accordéon, dessiner des monstres, les 45 tours, Goldorak, Kiss, le soleil... et déteste : avoir l'impression de travailler, refaire et expliquer un gag !

Sélection Grand Prix Jeunes Lecteurs
Sélection 1000 Jeunes Lecteurs
Prix de la Ville de Poitiers
Prix de la Ville de Limoges
Prix de la Ville de Chartres

1. Vermillon,
de la zone aux insectes

J'habite une ville du centre de la France. Pour être plus précis, je vis dans la ZUP de cette ville, une immense cité moderne où je me sens parfois un peu perdu.

Cette histoire a commencé le jour où... Mais non ! Je ne vais pas tout raconter aussitôt. Chaque chose en son temps.

Il faut d'abord que je présente les élèves de ma classe. Nous sommes onze. Onze copains unis comme les cinq doigts de la main (oui, je sais, cette phrase est bizarre mais je ne suis doué ni en sciences, ni en mathématiques). Un pour tous,

tous pour un. Nous sommes les mousquetaires de la zone aux insectes. Nous nous aimons. Normal : quand on déteste l'école et qu'on est contraint de la fréquenter, il faut trouver un truc pour oublier son malheur, sinon on devient fou. Notre truc, c'est l'amitié. Une amitié à toute épreuve. En béton armé, vibré, blindé. Plus solide que les blocs où nous habitons. Cela ne veut pas dire que nous ne nous chamaillons pas de temps en temps. Non ! Personne n'est parfait. Mais les brouilles ne durent jamais. Notre amitié est née à l'école et elle se prolonge partout ailleurs. Nous sommes toujours ensemble... sauf pour dormir.

Voici les copains. Je commence par les filles, honneur à ces dames mais il ne faut pas prendre ça pour de la politesse ou... comment disent les gars, à la télé ? De la galanterie (autrefois, je disais de la galantine, pfff...), oui, c'est ça, de la galanterie. Les demoiselles de notre classe détestent ce mot. Pour elles comme pour nous, garçons et filles, c'est bonnet blanc et blanc bonnet. Pas de sexe fort ou de sexe faible. Des copains et des copines, voilà tout !

Émilia : notre maman à tous. Elle aura bientôt quatorze ans. C'est la plus vieille de la classe. Elle n'est pas très jolie mais elle a un cœur gros comme ça. Elle sait trouver les mots justes quand le nôtre se met à saigner.

Claudine : surnommée la « Concierge ». Elle est plus bavarde que le monsieur qui est passé l'autre jour à la maison pour nous vendre des livres. Il

était énervant. Papa a failli le mettre à la porte avec son pied aux fesses. Claudine se mêle de tout et de n'importe quoi. Pas un potin ne lui échappe.

Nelly : ressemble à un volcan. Elle peut supporter longtemps, et sans broncher, les pires souffrances et les plus graves injures, mais, quand elle éclate, c'est une véritable catastrophe. Rien ne lui résiste. Comme la lave du volcan, elle détruit tout sur son passage. En dehors de ces moments-là, c'est une fille très chouette.

Murielle : dite « Gamine ». C'est la plus jeune de la classe et aussi la plus souriante. Elle rigole pour un oui ou pour un non. Même que, des fois, c'est plutôt pénible. Elle a neuf ans.

Nathalie : une fille costaude comme un déménageur. Dès qu'on se bagarre, pour s'amuser, il n'est pas rare qu'elle nous écrabouille comme des moins que rien. Dans la cour, personne ne l'embête : trop risqué !

Je passe aux garçons :

Carlos : appelé « Édredon » ; il dort les trois quarts du temps. Il réussit même à piquer un somme les yeux ouverts, mais on le sait uniquement parce qu'il nous le dit en sortant de classe : sinon, impossible de s'en apercevoir.

José : dingue de football, il est le Platini du terrain vague, le buteur de l'équipe.

Akim : petit, râblé, teigneux comme un roquet.

Miloud : surnommé « Couscous ». Le cuistot. Il goûte à tout ce qu'il cuisine, mange comme quatre et porte le nom de son plat préféré.

Fabrice : calme et réfléchi, c'est le plus savant — ou le moins bête disent les méchantes langues — de la bande... pardon, de la classe. On se demande un peu ce qu'il fait parmi nous car c'est, de loin, le plus calé.

Je termine par moi, Franck, dit « Vermillon » à cause de mes cheveux qui ont la couleur d'un coucher de soleil sur une carte postale.

Nous ne sommes pas beaucoup dans notre classe mais elle est un peu spéciale : c'est une classe de « perfectionnement ». Ici ont été regroupés les plus nuls de l'école. Oh ! Il n'y a pas de honte à être un mauvais élève. J'en suis un et je ne m'en porte pas si mal.

Les autres, ceux des classes « normales », appellent la nôtre «la classe des fous » parce que nous ne travaillons pas fort et que nous faisons de temps en temps quelques bêtises qui ne sont pas piquées des vers.

Ce nom de « classe de fous » ne nous dérange pas. Nous détestons l'école et nous le montrons... d'une manière un peu particulière, je le reconnais. Nous osons le crier par-dessus les balcons... pas les autres. Eux non plus n'aiment pas toujours l'école mais, une fois entrés, ils la bouclent. Alors, lesquels sont vraiment les plus fous ?

Nous allons à l'école parce que nous y sommes forcés, obligés, contraints. Comme nous ne pouvons y échapper, nous nous en moquons. Nous méprisons l'école. Nous nous en badigeonnons le nombril avec le pinceau de l'indifférence.

12

Notre école s'appelle l'école Antoine Parmentier : du nom de celui qui a généralisé la culture de la pomme de terre en France (je sais qui est Antoine Parmentier grâce à mon frère Sébastien, qui l'a lu dans le dictionnaire). L'école a sans doute été nommée comme ça à cause de la spécialité de la cantine : les patates. On en mange à peu près tous les jours : en salade, en pyjam... euh ! pardon ! en robe de chambre, sautées, au beurre, en purée...

A propos de purée, je dois préciser que, sous ce nom, le cuisinier prépare une pâtée bizarre qui tient au corps. C'est du costaud. Quand on se sert, la cuiller reste plantée dans le plat... Enfin, presque...

De temps en temps, il y a des frites. Le seul aspect sous lequel on pourrait peut-être aimer les patates... mais elles ne valent rien, les frites. Elles ressemblent à des éponges oubliées dans une bassine d'huile à frire les poissons et ne méritent pas leur nom...

Moi, j'ai de la *chance*. Annie, la copine de Papa, est au chômage en ce moment. Elle a le temps de faire de la bonne cuisine et je mange tous les midis à la maison. Mais, dès qu'elle aura retrouvé un travail, je retournerai à la cantine et la torture recommencera.

L'école Antoine Parmentier est encadrée par quatre rues : la rue des Coccinelles, la rue des Papillons (c'est dans celle-ci que j'habite, au numéro 33, cinquième étage, appartement 5241), la rue des Cigales et la rue des Libellules, dans

14

un quartier que toute la ville appelle la zone aux insectes. Normal, puisque chaque rue porte un nom d'insecte ! Toutes ces bestioles sont, comment dire ?, *gentilles*, mais on l'a échappé belle : quelquefois, je nous imagine habitant plutôt rue des Cafards, rue des Poux, rue des Tiques... J'en ferais presque des cauchemars.

Il y a de l'ambiance, dans le secteur. On n'a pas le temps de s'ennuyer. Des fois, quand je suis couché, j'entends les voisins du dessus se disputer. Ils crient si fort qu'ils parviennent à couvrir le son de la télé des voisins du dessous. D'autres fois, c'est le môme des voisins de gauche qui me réveille en pleine nuit. C'est incroyable, ce qu'un gamin de quatre ans peut crier fort ! Sans compter le bruit des chasses d'eau, les bagarres dehors, sur les pelouses rapées, et les carambolages entre chauffards... Je rigole mais ce n'est pas toujours marrant.

Ce quartier n'est pas très beau. Les immeubles sont gris, tristes. Les couloirs et les cages d'escalier sont couverts d'inscriptions. Il y en a tant qu'il me faudrait des jours pour les lire toutes. En plus je ne suis pas un champion de la lecture, loin de là. Et puis j'ai tort de critiquer car moi aussi je gribouille de temps en temps sur les murs, comme tout le monde.

Avec les copains... les élèves de ma classe. Je n'ai pas d'autres amis. Ceux des autres classes ne nous aiment pas et nous évitent avec soin. Comme s'ils avaient peur d'attraper une maladie en nous approchant. Ou alors ils sont crâneurs. Nous ne sommes pas assez bien pour eux.

Avec mes copains, donc, nous nous retrouvons tout le temps. Si nous voulons faire une partie de cache-cache, nous nous amusons sur les parkings entre les voitures. L'autre jour, ça m'a joué un tour. J'avais trouvé une super cachette, juste derrière une dedeuche, quand son propriétaire est monté dedans et a voulu la mettre en marche. Ah ! J'étais aux premières loges : devant la bouche du pot d'échappement. Le moteur était si en-

crassé que, dès le premier coup de démarreur, la pétrolette a craché un jus épais comme du marc de café. J'ai tout pris en pleine figure. J'étais couvert de petits points noirs, à croire que j'avais bronzé à travers une passoire.

Le parking, c'est bien pour les parties de cache-cache ou les jeux de cow-boys, mais ce n'est pas terrible pour jouer au foot. Par chance, il reste un champ en friche derrière la rue des Coccinelles. Plus tard, d'autres HLM seront

17

construits à cet endroit. Dommage... enfin, pour l'instant rien n'est fait et nous en profitons. Nous en profitons d'autant mieux qu'il y a beaucoup de place.

En plein milieu, le terrain est plus ou moins bosselé. Là, nous jouons au foot. Le ballon peut rouler et nous pouvons courir sans gêner personne, c'est chouette ! Tout autour, chaque bande du quartier a construit sa cabane. La nôtre est la plus belle. Nous l'avons bâtie avec ce que nous avons récupéré sur les chantiers environnants et elle devient ferme, château fort, bateau ou vaisseau interplanétaire suivant nos envies.

Moi, j'aime quand on joue au bateau. Nous sillonnons des mers immenses infestées de requins et de pirates qui nous attaquent. C'est sensationnel !

2. La Taupe arrive

Donc cette histoire a commencé à la rentrée des vacances de Toussaint, dans la cour de l'école. Nous étions tous présents. Même Carlos : pour qu'il soit là un jour de rentrée, ses parents l'avaient sans doute menacé des pires punitions. Nous étions agglutinés comme des abeilles dans une ruche en hiver.

Il faisait un froid de canard et une horrible bise nous gelait les os jusqu'à la moelle. Pourtant, ce n'était pas pour nous tenir chaud au corps que nous nous rapprochions. Plutôt pour réchauffer nos cœurs transformés en glaçons. Le moral était au plus bas. Pour les autres élèves, une rentrée, ce n'est déjà pas très gai, alors, c'est encore pire pour nous, les récalcitrants de la lecture, les allergiques aux mathématiques, les champions des séances de doigts de pied en éventail.

Émilia, comme d'habitude, essayait de nous changer les idées :

— Si on faisait un chat !

— Pas envie !

— Allons, jouons au foot !

— On n'a pas le droit de jouer au ballon dans la cour !

— Jouons au foot sans ballon !

José regarda Émilia d'un air désolé :

— Jouer au foot sans ballon ! ça tourne pas rond dans ta petite tête, ma pauvre fille ! Tu commences même à perdre la boule, on dirait !

— Tu pourrais parler autrement ! Moi, j'aime pas vous voir comme ça.

— Qu'est-ce que tu veux, on n'est pas dans notre assiette ! ronchonna Cous-cous.

— T'as envie de rigoler toi, le jour où on remet les pieds dans cette école ?

— Ouais ! Pour moi, école, ça rime de plus en plus avec ras-le-bol !

— T'es pas le seul...

— Et comment ! J'en ai par-dessus le bonnet de laine, de cette baraque...

Ce n'était pas la joie. Mais alors, pas du tout !

Nous détestions tant l'école que nous en faisions voir de toutes les couleurs à nos instituteurs. Nous en avions déjà « usé » quatre depuis la rentrée de septembre. Quatre en deux mois ! L'individu qui résistait plus de trois semaines à nos traitements et autres mauvais coups était un héros. C'est tout juste si l'inspecteur ne le décorait pas. Notre record : une matinée pour venir à bout d'une institutrice. Il sera difficile à battre.

La malheureuse s'appelait Mlle Choupinard. Avec un nom pareil, les jeux de mots ont vite fusé :

— Dis donc, elle est née à Bruxelles ?

— Je sais pas. En tout cas, il paraît qu'elle est dure de la feuille.

Couscous remarqua :

son légume préféré
C'est le chou rouge

— Un vrai menu, son nom : à manger et à boire !

— Vous savez quoi ? Son légume préféré, c'est le chou rouge.

Évidemment, nous parlions à voix haute. Et même certains hurlaient. Notre victime était prise dans nos filets et tentait de s'en sortir en écrivant au tableau. On la sentait nerveuse. Elle écrasait ses craies à un tel rythme qu'elle consommait sa boîte de cent en une heure. Elle n'est pas revenue l'après-midi.

Pourtant, Mlle Choupinard n'était pas plus méchante que les maîtres qui avaient défilé depuis le début de l'année. Elle était même très gentille à côté de cette espèce de malade qui nous collait des punitions sans qu'on ait rien fait de mal. Il hurlait à tout bout de champ. Un fou ! Ça ! nous l'avons titillé pour soigner sa folie ! Des agaceries, du genre pot de peinture renversé dans son cartable, gros mots écrits au tableau et d'autres trucs pires dont je n'ose pas parler. Je n'en suis pas très fier ; c'était vraiment méchant. Mais quand on nous cherche, on nous trouve. Et ce maître-là nous avait bien cherchés.

Pauvre Mlle Choupinard. Elle avait la malchance d'exercer un sale métier. Un métier que nous jugions inutile et même dangereux pour nos cervelles, qui risquaient de chauffer au travail comme un moteur de voiture en mauvais état. Alors, nous l'avons ratatinée sans pitié.

Bref, nous étions là, accrochés sur notre île d'amitié au milieu d'une mer où grouillaient des requins déguisés en élèves modèles, en maîtres trop sévères, chatouilleux du sifflet, lorsqu'il est arrivé : il ne payait pas de mine et nous ne l'avons même pas remarqué tout de suite. En fait, nous nous sommes aperçus de sa présence lorsqu'il a fallu entrer en classe après la sonnerie.

Le directeur, M. Joulot, surnommé « Pépé Joulot », accompagnait le nouveau maître et a tenté de lui présenter le tas d'individus qui était supposé être le rang de ses élèves. Il a eu de la chance que nous ayons hâte de nous mettre au chaud, sinon, il aurait pu nous courir aux trousses un bon moment avant de nous faire entrer dans sa boîte à torture.

« Il » s'est campé devant la porte et nous l'avons observé avec un sourire au coin des lèvres. A cet instant, chacun de nous pensait : « Toi, mon poulet, tu veux nous faire travailler. Eh bien ! tu vas en voir des vertes et des pas mûres ! J'en connais un qui va laisser des plumes dans la bagarre ! »

En plus, il n'était pas bâti comme M. Muscle et il ne nous impressionnait pas. Ce petit bonhomme ne devait guère dépasser un mètre soixante. Nathalie, Fabrice et Émilia étaient au moins aussi grands que lui. Il était à peine plus épais qu'une affiche et portait de grosses lunettes à monture d'écaille. Son visage était blanc : nous nous sommes demandé un moment s'il n'était pas né dans une fabrique de cachets d'aspirine.

José me glissa à l'oreille :

— Dis donc, tu as vu l'épaisseur de ses verres de lunettes. Faut être myope comme une taupe pour porter des carreaux pareils ! C'est une vraie taupe, ce type !

Et voilà ! C'est ainsi que lui est venu son surnom, le plus naturellement du monde.

Toutes les autres classes étaient déjà rentrées, quand la Taupe nous a demandé de le suivre. Sa voix était douce mais ferme et sûre d'elle. Nous nous attendions à une voix nerveuse ou chevrotante, comme celle des maîtres précédents. Même celle du fou, surtout à la fin, quand il découvrait nos petites surprises. Notre réputation a dépassé les limites de l'école depuis longtemps et, en général, les instituteurs qui nous arrivent sont morts de peur avant même de nous avoir vus. Lui, il avait l'air tranquille.

Nous avons obéi sans rien changer à nos habitudes : en criant, hurlant, chahutant. Son surnom était déjà sur toutes les lèvres.

Pépé Joulot a poussé un profond soupir puis il a fait demi-tour en haussant les épaules. Je crois même l'avoir entendu dire :

— Encore un qui ne fera pas long feu !

A cet instant, je partageais tout à fait cet avis. Nous nous trompions tous les deux.

Bien décidés à employer les armes qui avaient fait leurs preuves, nous entrons en classe en traînant les pieds. C'est fou comme ce bruit est crispant... sauf pour nous. Nous lançons nos cartables de loin. Certains s'écrasent par terre d'autres sur les tables. Nous nous asseyons dans un bruit infernal. La Taupe ne dit rien.

Nous discutons à qui mieux mieux :

— Tu as regardé le match de foot hier soir, à la télé ?

— Ben, tu penses...

— Qu'est-ce qu'on mange à midi, à la cantine ?

— Devine : des patates !

— Tu connais son nom ?

— ... La Taupe ?

— Pas celui-là ! Le vrai !

— Ah bon ? Parce qu'il a un autre nom ? Première nouvelle !

— Tiens ! Ça a encore été la corrida hier soir, à la maison. Mes parents se sont disputés...

— Chez moi, c'est calme en ce moment mais il y avait de l'ambiance chez les voisins du dessus. Ils ont fait un tel boucan que je n'ai pas fermé l'œil avant minuit !

Les conversations s'éternisent. La Taupe ne dit toujours rien.

Au bout d'un long moment, il n'a pas encore émis le moindre son et nous commençons à ne plus savoir quoi nous dire. Le silence se fait peu à peu. Nous considérons le maître comme une bête curieuse. Lui nous observe de ses yeux bleus, purs comme un ciel sans nuage. Grossis par ses verres, ils ressemblent à l'eau d'une piscine. Il nous détaille les uns après les autres, nous scrute, nous radiographie. Je ne me sens pas à l'aise quand son regard se pose sur moi.

Quel bonhomme déroutant, tout de même !

Cela fait maintenant près d'une heure que nous sommes en classe et il se décide enfin à nous adresser la parole :
— Bonjour ! Comme vous avez pu le constater, je suis votre nouvel instituteur. J'ai vingt-trois ans et je m'appelle David Meunier.

Fabrice laisse échapper un gloussement puis fredonne :

Meunier, tu dors !
Ton moulin, ton moulin
Va trop vite !
Meunier...

Nous trouvons la chose amusante et

nous l'accompagnons bientôt. Nous nous attendons à voir la pression monter chez le nouveau. Quand on met à chauffer une cocotte minute, elle siffle ; un maître, c'est pareil, mais lui, il crie.

Pour faire monter la pression on chante plus fort... et voilà que la Taupe se met à chanter, lui aussi. Non seulement il chante mais, en plus, il mène le chant en ralentissant et en accélérant quand il faut.

La chanson terminée, nous nous taisons, abasourdis. Je regarde mes copains et copines. Chacun roule des yeux ! De vraies boules de billard ! A croire qu'un extra-terrestre est devant nous.

La Taupe nous observe toujours. Un sourire éclaire son visage mais, attention ! pas un sourire méchant. Non ! Plutôt un sourire de copain qui vient de vous jouer un bon tour.

— Vous aimez chanter ? Ça tombe bien, moi aussi ! Demain, j'amènerai ma guitare et je vous apprendrai d'autres chansons, un peu moins connues mais tout aussi belles.

Nous nous mettons à discuter avec lui. Il parle de la même voix douce, chaude, régulière mais surtout pas monotone. Nous causons de choses et d'autres. Nous le questionnons un peu. Lui veut des détails sur la façon dont nous vivons et sur ce que font nos parents.

Moi, je lui explique qu'Annie, la copine de Papa, est au chômage en ce moment et reste à la maison. Mes parents sont divorcés et Maman habite loin maintenant, je ne la vois plus que de temps en temps.

Nous lui parlons aussi du terrain vague et de notre cabane. Couscous explique comment il cuisine ses plats préférés. La Taupe s'intéresse à tout. C'est drôle : c'est la première grande personne et surtout le premier maître qui se préoccupe vraiment de nous.

La cloche de la récré sonne. Il faut sortir... je n'en ai pas envie, les copains non plus d'ailleurs. Nous sommes bien ici. Nous avons chaud au corps et notre cœur se dégèle peu à peu. Alors nous restons en classe.

Quelques instants plus tard, Pépé Joulot ouvre la porte. Il s'adresse au maître :
— Vous ne sortez pas ?
— Non. Pourquoi ?
— Parce que c'est la récréation !
— Ils ne souhaitent pas aller dehors... et moi non plus.

Pépé Joulot a un haut-le-corps.
— Personne ne veut prendre l'air ?

— Non !

— Eh bien !!!

Déconcerté, il referme la porte. Nous rigolons. Nous l'aimons bien, Pépé Joulot. Il n'est pas méchant et il est si souvent dépassé par les événements qu'il en devient amusant.

— Bon, c'est pas tout ça, les enfants, déclare alors la Taupe. Mais il faudrait peut-être travailler !

Nos visages réjouis se décomposent.

— Allons bon, se désole la Concierge. Il avait l'air sympa. Malheureusement, il est malade, comme les autres. Il va nous torturer, lui aussi.

La Taupe a peut-être entendu. Je n'en sais rien. De toute manière, il continue sans se troubler :

— Pour travailler dans de bonnes conditions, il faut avoir un cadre agréable : je vous propose de passer la journée à décorer notre salle de classe.

Voilà notre travail du premier jour : embellir notre classe. Et quand nous quittons l'école en fin de journée, c'est fait. Jamais je n'ai fréquenté une classe aussi belle. Les copains non plus.

Pour y arriver, nous avons dû fouiller les réserves de l'école pour dénicher toutes sortes d'objets intéressants.

Nous avons peint aussi... beaucoup.

L'après-midi, nous sommes allés demander au supermarché s'ils n'avaient pas quelques petites choses à nous donner : des présentoirs vides, des affiches, des photos, etc. La directrice est passée par toutes les couleurs en nous voyant arriver. Il faut dire qu'elle nous connaît : dès que nous atterrissons dans son domaine, il y a pas mal de chapardage. Eh bien ! aujourd'hui, elle n'a pas eu le moindre reproche à nous faire ! Pas une bricole n'a quitté son rayon pour rejoindre le fond de nos poches. Nous sommes repartis chargés des cadeaux de cette brave dame. Elle paraissait quand même soulagée de nous voir sortir. Je ne l'avais jamais vue sourire ainsi. Un vrai sourire de grenouille : la bouche fendue jusqu'aux oreilles. Je n'en croyais pas mes yeux !

3. Concert impromptu

La première journée s'était bien déroulée mais, le lendemain matin, sur le chemin de l'école, j'étais inquiet. La décoration de la classe étant terminée, j'avais des craintes.

Sûr que la Taupe allait nous chercher des histoires avec des opérations à calculer, des pages à déchiffrer, d'autres à remplir tant bien que mal. Un maître est un maître et ils ont tous les mêmes idées derrière la tête.

Soudain, je ne me sentis plus le courage d'aller à l'école. Je faillis faire demi-tour mais trop tard, j'étais déjà devant le portail d'entrée. Et puis, il faisait un temps à ne pas mettre un ours polaire dehors. Pas question de se promener dans les rues toute la matinée. Le froid était vif, pire que la veille. Pas question non plus de rentrer à la maison où se trouvait Annie.

J'aperçus les copains regroupés dans la cour. J'allai les rejoindre. La discussion battait son plein :

— Ce maître est bizarre.

— Ouais ! Moi, je ne sais pas quoi penser de lui.

— Moi, rien qu'à le voir, je m'en méfie comme d'un yaourt qui a dépassé sa date limite de vente.

— Pourtant, il est sympa...

J'intervins :

— Peut-être, mais il ne va pas nous faire décorer la classe tous les jours. Hier soir, c'était déjà fini... Faut s'attendre à des complications aujourd'hui.

La Concierge m'approuva :

— Tu as raison, Vermillon. Méfions-nous.

— Asticotons-le, dit Fabrice. Nous ver-

36

rons bien ce qu'il a exactement dans le ventre.

La proposition de Fabrice fut aussitôt acceptée, même par Édredon qui, d'habitude à cette heure-là, dormait encore debout dans la cour.

Comme nous n'avions pas des masses d'idées, nous avons choisi de ne pas nous mettre en rang quand la cloche sonnerait. Et nous nous sommes lancés dans une terrible partie de chat blessé... sauf Édredon. Il n'aime pas jouer au chat blessé parce qu'on doit courir. Alors, il est allé s'appuyer le long du mur.

José clopinait derrière Émilia en se tenant la cheville quand la sonnerie retentit. Les élèves des autres classes, comme de gentils moutons, se rangèrent vite devant leurs maîtres. Pas nous. La Taupe nous regardait avec calme. Pépé Joulot remarqua bientôt notre jeu et s'avança aussitôt vers le milieu de la cour, frappant dans ses mains et criant :
— Allons ! Allons ! les perfectionnements, en rang s'il vous plaît !

Nous, Pépé Joulot, on l'aime bien. Mais ça ne nous plaisait pas du tout de nous mettre en rang. Nous ne l'avons donc pas écouté et nous avons continué notre partie de chat blessé. José venait de toucher Akim sur le dessus de la tête et Akim, quand il court avec une main sur la tête, on dirait une cruche. Ça me fait toujours rigoler.

Pépé Joulot s'égosillait depuis déjà un moment quand la Taupe est venu à sa hauteur (je peux le dire parce que, tout en jouant, je les observais du coin de l'œil).

38

La Taupe est donc venu à côté de Pépé Joulot et lui a glissé quelques mots à l'oreille. Le directeur s'est alors arrêté de crier et de taper dans ses mains puis je l'ai entendu dire au maître :

— Comme vous voulez ! Mais je les surveille depuis mon bureau.

La Taupe est ensuite entré, tranquille, dans la classe où il n'est pas resté longtemps. Quand il est ressorti, il tenait une feuille de papier. Il est allé la coller sur un mur du préau. Le plus bizarre, c'est que, tout en faisant cela, il ne nous a pas jeté le moindre regard. Après, il a regagné la classe en laissant la porte ouverte.

Cette façon de se conduire m'intriguait drôlement et je m'intéressais de moins en moins au jeu. Je n'étais pas le seul. Fabrice se dirigea bientôt vers l'affiche. Il resta planté devant quelques instants puis nous appela.

Nous avions très envie de savoir ce qui était écrit sur ce bout de papier et nous nous sommes précipités vers Fabrice, sauf Édredon, qui est venu lentement.

— Qu'est-ce que c'est ?
— Lisez vous-mêmes !

Je déchiffrai tant bien que mal. Quand j'eus terminé, je restai muet de surprise. Voici ce que je venais de lire :

GRAND CONCERT DE GUITARE
dans la classe de perfectionnement,
entrée gratuite. Salle chauffée
(mais dépêchez-vous, la porte est ouverte,
la température descend et je joue très mal
si j'ai froid aux doigts).

40

Nous nous sommes regardés. Je crois que nous n'aurions pas été plus étonnés si nous nous étions retrouvés près d'un éléphant en train de chanter *La Marseillaise*.

José se passa la main dans les cheveux en laissant échapper :

— Pas de doute : c'est un autre fou !

— Faut reconnaître qu'il est pas ordinaire, ce bonhomme. Mais il a pas l'air aussi méchant que le malade qui a précédé Mlle Choupinard.

— Qu'est-ce qu'on fait ? On y va ?

— Chut ! Taisez-vous ! ordonna Gamine.

Je tendis l'oreille, comme les copains. Quelques accords de guitare vinrent me caresser les tympans.

Nous avons hésité encore un instant puis, comme il ne faisait vraiment pas chaud et qu'on entendait mal, nous sommes entrés en classe avec un calme inhabituel.

Nous avons gagné nos places, plus silencieux que des chats. La Taupe jouait toujours, comme si de rien n'était.

Il joua ainsi plusieurs morceaux. Peu

après notre arrivée, il se mit à fredonner. Le son de sa voix venait s'ajouter aux notes métalliques de la guitare. C'était splendide. J'avais déjà entendu des gars jouer de la guitare à la télé. Ça m'a toujours plu. Mais, en vrai, c'est cent fois mieux.

La Taupe a joué des musiques de plus en plus douces puis, enfin, il s'est arrêté. Nous étions si impressionnés que personne n'a bougé. Le maître a posé son instrument et nous a regardés de ses gros yeux bleus, les uns après les autres, sans prononcer un mot, comme la veille.

Sa voix était ferme quand il s'est décidé à parler :
— Je ne souhaite pas vous faire un discours mais je ne veux pas non plus vous dispenser de quelques remarques. Premièrement : dans la cour, vous vous êtes conduits comme des gamins de maternelle. Deuxièmement : je ne vous courrai jamais après. Troisièmement : j'ai l'habitude de faire confiance à mes élèves. Je suis certain que vous êtes dignes de

confiance mais, pour l'instant, seul votre comportement dans le supermarché me l'a prouvé. A vous de m'apporter d'autres témoignages de votre bonne volonté.

Nous nous sentions tout petits sur nos chaises. Il y en avait plus d'un qui gigotait du derrière ou qui triturait son stylo. Personne ne pipait.

La Taupe laissa encore passer un silence qui parut très long puis il reprit :
— Vous êtes à l'école pour apprendre. Or, je sais que vous n'aimez pas l'école...

43

parce qu'elle est triste. Vous avez raison. Moi non plus, je n'aime pas les classes tristes... Je ne vous demande qu'une semaine de tranquillité. Le temps de vous montrer que l'on peut travailler dans la gaieté. Vous ne le regretterez pas...

Ce fut tout.

Il se retourna alors vers son cartable d'où il sortit quelques livres. Il s'agissait de petits bouquins comme on en trouve au supermarché. Il nous expliqua qu'il allait lire un ou deux extraits de chaque. Ensuite, nous en choisirions un qui deviendrait notre livre de lecture.

C'était parti. La Taupe nous avait mis dans sa poche comme un magicien sort une colombe de son veston : sans blesser. Nous étions montés dans son bateau, ignorant où il allait nous emmener.

4. Un chat retombe toujours sur ses pattes

La Taupe est arrivé dans notre vie depuis près de deux mois. Nous travaillons dur par rapport à ce que nous faisions avant mais, c'est formidable, nous n'en éprouvons pas de dégoût. Édredon est de moins en moins endormi. Il s'intéresse à autre chose que la meilleure façon de dormir sans se faire remarquer.

La Taupe est toujours aussi relax. Jamais il n'élève la voix, même quand la Concierge parle à tort et à travers, ce qui lui arrive souvent.

Nous avons bien essayé de chahuter le maître mais, à chaque fois, il a gardé son calme et il a su se sortir de situations délicates. Ce n'est pas évident à expliquer, alors, le mieux est de donner un exemple : celui du jour où Akim et Murielle ont transformé leurs stylos en sarbacanes.

C'était à la fin de la première semaine et la Taupe nous montrait comment calculer le prix des ingrédients nécessaires à la réalisation d'une recette proposée par Couscous. Il avait le dos tourné et écrivait au tableau. Akim et Gamine, qui sont voisins de table, ont sorti leurs stylos bille. Ils ont retiré la mine. Puis ils ont mâchouillé quelques morceaux de papier et ils ont canardé avec application un des globes électriques. Les fffttt... fffttt... fffttt... se succédaient à un rythme soutenu sans que la Taupe bronche. De temps en temps, il se retournait, tranquille, et nous interrogeait sur ce qu'il expliquait.

Les deux tireurs rangeaient leurs armes dans la précipitation. Rien ne se produisait sur le visage du maître.

Murielle, tu t'ennuies ?

Ce manège dura un long moment. Enfin, la Taupe articula sans se retourner, le nez collé au tableau :

— Akim et Murielle, si la recette de Miloud ne vous intéresse pas, dites-le.

Il fit alors un brusque demi-tour. Pris en flagrant délit, les mitrailleurs rougirent jusqu'aux oreilles. La Taupe fixa Gamine de ses yeux globuleux et lui lança sur un ton peu aimable :

— Murielle, tu t'ennuies ?

Gamine se tortilla sur sa chaise comme

47

un asticot sur un hameçon puis bre-
douilla :

— Ben... à vrai dire...

La Taupe, le regard toujours aussi dur,
demanda :

— Et toi, Akim, tu as besoin d'exercice ?

— C'est que...

— Je vois ! Vous êtes embarrassés. Alors
vous rangez vos stylos, vous écoutez mes
explications, je n'en ai plus pour très
longtemps. Ensuite, nous ferons ensemble un concours de tir à la sarbacane. Il
n'y a pas de raison que seulement deux
élèves s'amusent ici !

Eh bien ! nous l'avons fait, ce
concours ! Et Pépé Joulot est entré en
classe au beau milieu. Il a ouvert la porte,
nous a regardés, avec nos sarbacanes
dans les mains. Il a jeté un coup d'œil
épouvanté au tableau où une grande cible
était tracée puis ses yeux ont croisé ceux
de la Taupe. Les deux hommes se sont
dévisagés quelques instants et Pépé Joulot a refermé la porte sans rien dire.
Nous n'avons jamais su ce qu'il voulait ce
jour-là.

Un autre exemple : un après-midi, la Taupe a proposé de faire un match de foot. Comme il n'y a pas de place près de l'école et qu'on ne peut pas jouer dans la cour parce que ça gêne les autres classes, on est allés sur le terrain vague.

La Taupe a demandé aux filles si ça ne les dérangeait pas de jouer au foot. La gaffe à ne pas faire ! C'est que les copines ne sont pas des femmelettes. Elles ont des muscles et elles savent s'en servir. Cette question malvenue a tant vexé Nathalie qu'elle a répondu du tac au tac :

— Vous savez, m'sieur, je trouve le foot un peu tendre. Je préfère le rugby, surtout quand je joue pilier ou deuxième ligne. On se chatouille davantage les oreilles !

La Taupe ne savait plus où se mettre. Il a répliqué par un « bon ! » embarrassé et nous sommes partis pour le terrain vague.

En chemin, José me glissa à l'oreille :

— Dis donc, si on titillait un peu le maître ?

— Ça pourrait être marrant. Passe le

mot. Au retour, il faut qu'il ait les chevilles de la grosseur du ballon.

On a frotté dès le début de la partie.
Ah ! Ça y allait ! On ne se faisait pas de
cadeaux et, surtout, on ne lui en faisait
pas. Le ballon, comme les coups, partait
dans tous les sens. Moi, j'avais déjà at-
teint les chevilles de la Taupe deux ou
trois fois. Il avait grimacé à chaque choc.
Nous le sentions faiblir. Nous le tenions.
Il allait, lui aussi, plier devant nous. Tout
à coup, il a arrêté la bagarre et a déclaré,
le souffle court :

— Vous avez envie de tirer comme des
fous, de vous défouler. Très bien ! Je vais
aller dans les buts et je vous ordonne de
tirer aussi fort que vous pourrez...

Et il a pris sa place dans la cage.

Nous avions apporté cinq ou six bal-
lons. Tous ceux de l'école (ça ne gênait
personne : les autres classes ne s'en
servent jamais). Nous les avons alignés
pour que les tirs se suivent de très près.
Pendant ce temps, la Taupe a retiré ses
lunettes (ça nous a fait sourire : le malheureux, il ne toucherait pas le ballon !).

Nous avons aussitôt commencé à tirer sans lui laisser le temps de récupérer.

Nous nous sommes tout de suite pris au jeu. Nous étions certains de lui marquer autant de buts que nous le voudrions. Nous avions aussi envie de lui montrer que nous étions les plus forts.

Mais nous avons vite déchanté. La Taupe jouait formidablement bien. Il plongeait toujours du bon côté, au bon moment. Il sautait quand il le fallait, ne bougeait pas quand la balle partait à côté

du cadre. A croire qu'un radar lui permettait de deviner à coup sûr la trajectoire du ballon. Seul José réussit à marquer un but et encore, sur un coup de chance, après un faux rebond.

Nous lui avons demandé de venir jouer avec nous, de temps en temps, le mercredi. Il n'a pas dit non.

C'est comme cela depuis près de deux mois. La Taupe s'en tire bien à chaque fois. Un vrai chat qui retombe sans cesse sur ses pattes, même s'il tombe de haut.

Et comme je le disais tout à l'heure, nous travaillons. Pépé Joulot n'en revient pas et en parle quelquefois avec la Taupe. Nous avons déjà surpris plusieurs de leurs conversations.

Hier, nous avons fini d'écrire un livre, notre premier livre ! Oh non ! Il ne faut pas croire au miracle. Ce n'est pas un bouquin de cent pages. Il est beaucoup plus petit mais c'est le nôtre. Nous l'avons réalisé... aidés par la Taupe. Il s'appelle :

Deux enfants au pays
des fées et des sorcières.

Voici comment il est né : un matin, la Taupe a sorti trois ou quatre feuilles de son cartable et nous les a lues. Il s'agissait d'une histoire amusante qui, en plus, commençait dans une cave d'un immeuble de la rue des Papillons. Deux enfants découvraient un livre magique et se retrouvaient bientôt dans le monde des fées et des sorcières juste au moment où elles étaient en pleine bagarre. Nous, ça commençait à drôlement nous intéresser quand, tout à coup, la Taupe s'est arrêté de lire et nous a déclaré :

— Voilà ! J'ai inventé le début de cette histoire. Si vous le désirez, nous pouvons la continuer ensemble. Vous imaginez ce qui arrive ensuite. Je note vos idées au tableau, puis nous les mettons en ordre et nous en faisons un livre.

Cette proposition a plu à tous sauf à Édredon, qui déteste les livres et qui dormait pendant que la Taupe racontait son histoire... Et les idées se sont bousculées :

— On pourrait les envoyer dans le château des sorcières...

— ... et ils tomberaient dans une ou-
bliette...

— ... mais il y aurait l'entrée d'un souter-
rain...

— ... et ils ressortiraient dans la grande
salle du château au milieu d'une réunion
de sorcières...

— ... ils seraient capturés mais les fées
viendraient les délivrer...

Voilà, en gros, l'histoire de *Deux enfants au pays des fées et des sorcières*. En
réalité, elle est beaucoup plus longue et il
se passe des quantités de trucs marrants.
Chaque fois que la Taupe nous la lit, elle
nous fait bien rire. Seul Édredon ne
rigole pas. Il a une telle horreur des livres
qu'on se demande s'il n'attrape pas des
maux de tête dès qu'il en voit un.

Hier, nous avons terminé les dessins et
relié les pages. C'est vraiment un très
beau livre. Nous le montrerons à Pépé
Joulot et nous le prêterons aux autres
classes pour que les élèves le lisent s'ils
en ont envie.

Nous travaillons dur et la Taupe ne
nous passe aucun caprice. Il sait être

54

sévère quand nous ne sommes pas sérieux.

Ainsi avec moi, le jour où je lui ai
présenté l'exercice de mathématiques : il
fallait effectuer des soustractions à retenue. J'ai horreur des soustractions à
retenue. La Taupe a pris mon cahier, il a
vérifié l'exercice puis m'a fixé dans les
yeux. Il a laissé passer un moment de
silence qui me met toujours mal à l'aise.
Ensuite, il m'a tendu le cahier et m'a
demandé d'une voix froide comme un
vent d'hiver :
— Tu es satisfait de ce que tu as fait ?

J'ai baissé la tête. Inutile de répondre.
Je savais que j'avais bâclé mon travail,
que c'était sale, que c'était faux.
— Alors ? a insisté la Taupe.

J'ai fini par souffler :
— ... Je ne me suis pas tellement appli-
qué.

La Taupe m'a relevé le menton. Il a
pris un air grave puis il a dit :
— Tu es en dessous de la vérité. Tu re-
tournes à ta place et tu recommences.

J'ai obéi... Sans doute parce que c'était

la Taupe. Un autre maître, je lui aurais jeté le cahier à la figure, je l'aurais traité de tous les noms, je l'aurais envoyé compter les poils sur le dos d'un chat de gouttière. Pas lui. Je n'ai pas osé.

Revenu à ma table, je me suis concentré. Quand je suis retourné auprès de la Taupe, il a vu que j'avais fait une seule erreur. Alors, il m'a regardé en souriant et il m'a déclaré :
— Tu vois, quand tu veux, tu es capable. C'est bien, presque très bien.

Depuis, mon cahier s'est amélioré, même s'il y a encore quelques ratés lorsque je ne suis pas en forme.

Quand j'y pense ! Ce cher M. Meunier a battu tous les records de durée. Nous n'avons plus envie de le mettre à la porte. Certains d'entre nous commencent même à aimer l'école. La preuve : la rentrée de janvier n'a pas été trop douloureuse, ça change !

5. Le coin bibliothèque

La Taupe a pas mal d'idées qui nous inquiètent un peu... au début.

Aujourd'hui, par exemple, sitôt rentré en classe, il a ordonné :

— Posez vos cartables et accompagnez-moi jusqu'à ma voiture. J'ai des colis à décharger et vous allez m'aider.

Nous nous sommes précipités auprès de son auto, une vieille dedeuche grise. Le gros morceau de moquette posé sur la galerie nous intriguait. Le maître le détacha.

— C'est pour quoi faire, m'sieur ?

— Ah ! Ah ! Ah ! Surprise ! Je vous le dirai en classe.

Il descendit l'encombrant rouleau et le confia à quatre d'entre nous. Les autres se retrouvèrent bientôt chargés de cartons sortis du coffre, puis nous avons regagné notre domaine.

— A quoi va servir la moquette, m'sieur ?
— Et les cartons, qu'est-ce qu'il y a dedans ?
— Pourquoi avez-vous apporté tout ça, m'sieur ?

Il laissa passer quelques instants, le temps que nous nous calmions et il expliqua :
— Dans certains colis, il y a des petits morceaux de mousse et dans d'autres, du tissu. Nous allons en faire des coussins. Nous étalerons la moquette dans un coin de la classe et nous poserons les coussins dessus. Ensuite, nous peindrons les cartons. Ainsi, tout sera fin prêt pour accueillir des livres et des lecteurs.

Édredon, toujours alarmé par le mot *livre* et tout ce qu'il suppose de souffrance et d'insomnie, regarda le maître de travers :

— Des livres, m'sieur ? Pourquoi des livres ? Ils ne sont pas bien, dans leur armoire ?

La Taupe sourit :

— Voyons Carlos, je ne veux pas parler de livres de classe mais de livres de bibliothèque. Des livres qui racontent des histoires, qui parlent de ce que l'on aime.

Édredon grimaça.

— Ne fais pas l'idiot, Carlos, poursuivit la Taupe en le toisant d'un air sévère. Écoute : nous possédons un livre, le nôtre. Si nous le rangeons dans une armoire, nous l'oublierons. Si nous voulons penser à lui, si nous désirons le relire, il faut le mettre dans un endroit pratique et agréable, un coin bibliothèque par exemple. Seulement, un seul livre dans une bibliothèque, c'est un peu juste, tu ne trouves pas ? Donc, cet après-midi, nous irons en ville dans une librairie.

— Qu'est-ce que c'est, une librairie, m'sieur ? demanda Nelly.

— C'est un magasin où on vend des livres, expliqua Fabrice.

— Exact ! Donc, nous irons dans une librairie acheter des livres. M. Joulot a mis un peu d'argent à notre disposition.

Je fis la moue. Je n'étais pas très enthousiaste. Le maître s'en aperçut :

— S'il te plaît, Franck ! Ne fais pas cette tête avant de savoir de quoi il s'agit. Nous allons acheter des livres mais pas n'importe lesquels, des livres qui vont vous plaire, que vous allez aimer. D'ailleurs, c'est vous qui les choisirez, pas moi !

Édredon haussa les épaules. La Taupe poursuivit :

— Quand nous aurons placé les livres dans notre coin bibliothèque, nous pourrons les regarder, les feuilleter, les lire même, confortablement installés parmi les coussins. Si cela vous tente, vous pourrez en emporter chez vous.

Cette fois, Édredon éclata de rire.

— Tu ris, Carlos, parce que cela te paraît impossible, mais tu verras, tu seras comme les autres : quand tu auras vraiment goûté aux livres, aux beaux livres, aux livres qui font rêver, pleurer, chanter ou rire, tu ne pourras plus t'en passer.

— Moi, je préfère un bon ragoût, précisa Couscous.

Nous, nous n'en pensions pas moins. La Taupe était un gars sympa. Nous ne voulions pas lui faire de peine mais, en vérité, ses livres, nous nous en moquions comme de notre première chemise. Seul le nôtre comptait... parce que ce n'était pas un livre comme les autres.

Enfin ! Nous avons fourré nos pensées d'élèves peu ou pas convaincus au fond de nos poches, nous avons posé nos mouchoirs par-dessus et nous nous sommes mis au travail. Nous avons trimé toute la matinée comme des fous du boulot. La moquette a été vite installée mais il a fallu coudre les coussins et peindre les cartons.

Nous nous étions répartis le travail. José, la Concierge, Murielle et Fabrice cousaient et remplissaient les coussins. José était amusant : il passait et repassait son aiguille avec une application de bon élève. Il tirait une langue longue comme le bras, le bougre, au risque de se la piquer.

Les autres décoraient les cartons qui serviraient à ranger les livres. La Taupe allait de groupe en groupe, distribuant des conseils, donnant un coup de main. Seul Édredon n'a pas voulu travailler ; il est resté dormir à sa place.

Quand la cloche de midi sonna, tout était prêt. Il ne restait plus qu'à ranger notre unique livre dans le coin bibliothèque. Chacun voulait s'en charger. En fin de compte, c'est Gamine qui a eu l'immense honneur de le faire. Quand nous avons vu notre livre : tout seul, dans un carton au milieu des coussins, nous avons vraiment désiré lui acheter des compagnons.

6. A la librairie

Il était quatorze heures pile quand nous sommes arrivés devant la librairie. A mesure que nous approchions du magasin, la gaieté endormie d'Édredon s'estompait davantage. Le malheureux marchait comme une vache sur le chemin de l'abattoir. Devant la porte de la boutique, il s'est bloqué. La Taupe l'a dévisagé :

— Eh bien ! Carlos, qu'est-ce qui te prend ?

Le pauvre, les nerfs à vif, au bord de la crise de larmes, a bafouillé :

— Je... je ne veux pas !

— Comment ça, tu ne veux pas ?

— Je ne veux pas entrer, m'sieur. J'en ai pas envie...

— Pourquoi ?

— ...

— Bon, comme tu voudras ! Alors, reste à la porte et ne t'éloigne pas !

La Taupe s'est retourné vers nous.

— C'est bien compris : pas de chahut, pas de dégradation, pas de chapardage ! Conduisez-vous en personnes civilisées... Le rayon qui nous intéresse se trouve au fond de la boutique. Vous pourrez y fouiller comme bon vous semblera. Chacun aura le droit de feuilleter autant de livres qu'il lui plaira. Fabrice s'est porté volontaire pour faire les comptes : quand vous aurez choisi un livre, vous irez le voir. Il note le prix et remet le livre à la vendeuse. Cela jusqu'à épuisement de la somme dont nous disposons. Moi, j'irai de l'un à l'autre pour vous aider dans votre choix... Nous sommes bien d'accord ?

— Oui, m'sieur !

Alors Couscous a demandé sur un ton très sérieux :

— Est-ce qu'il y a des millefeuilles dans ce magasin ?

La Taupe a répondu avec le même sérieux :

— Il y a tant de feuilles que tu en resteras baba... au rhum, bien sûr !

Nous sommes entrés dans la boutique comme des pirates débarquant sur une île au trésor. Ce fichu la Taupe nous avait si bien préparés que nous sommes allés vers les livres avec la joie de flibustiers découvrant une fortune.

Chacun a choisi un bouquin dans le rayon, et s'est assis par terre pour le feuilleter. A part la vendeuse et nous, il n'y avait personne. Moi, ça m'a fait tout drôle d'être là... et pour la première fois, j'ai été heureux en tournant les pages d'un livre, enfin, je veux dire, d'un vrai livre, pas d'un catalogue. A la maison, je regarde souvent les catalogues, pour rêver de ce que je ne peux pas m'acheter. J'ai découvert qu'un livre est agréable à toucher, qu'il est agréable à voir et, surtout, qu'il sent très bon. C'est super, l'odeur d'un livre neuf.

J'avais déjà choisi trois bouquins quand Édredon nous a rejoints. La Taupe lui a lancé :

— Tiens, Carlos ! Tu viens avec nous, maintenant ? Tant mieux ! J'en suis très content !

Édredon a baissé la tête.

— Oh, m'sieur ! Il fait si froid dehors...

— J'ai vraiment plaisir à te voir ici. Installe-toi. Tu verras : tourner les pages d'un livre n'est pas vraiment pénible. Ça devient vite très chouette.

La Taupe est donc retourné à ses occupations. Nous, nous faisions semblant de feuilleter nos bouquins. La présence d'Édredon nous surprenait et nous l'observions du coin de l'œil. Il n'était pas à l'aise et arpentait le rayon d'une démarche hésitante. Il s'arrêtait de temps en temps, tendait la main puis, juste au moment où il allait toucher un livre, la ramenait vivement contre son corps, comme s'il avait peur de recevoir une décharge électrique.

Soudain, il a osé. Tout est allé très vite : il a saisi un livre et l'a glissé sous son chandail... mais le bouquin était trop gros et la vendeuse l'a repéré.

— Eh là, toi ! Qu'est-ce que tu caches sous ton pull ?

Édredon est devenu vert. La Taupe l'a fixé d'un regard sévère puis a sifflé :

— Qu'est-ce qui se passe, Carlos ?

— Rien ! m'sieur ! rien !

Le malheureux triturait son chandail.

— Rien ! Il appelle ça rien ! Voler un livre ! glapit la vendeuse, sur le point de s'étrangler.

Le visage de la Taupe se décomposa comme un camembert au soleil par une belle journée de juillet. Il regarda Édredon.

— Carlos, tu me déçois beaucoup. Je te croyais digne de confiance, comme tes copains. Remets ce livre où tu l'as pris et ne t'avise pas de recommencer.

Édredon obéit. Ses mains tremblaient. Il était sur le point de pleurer. La Taupe calma la vendeuse comme il put. L'incident était clos. Nous nous sommes replongés dans nos livres.

C'est ainsi que chacun de nous choisit quatre ou cinq livres. Tous les miens me plaisaient mais il y en avait surtout un qui m'attirait. C'était un bouquin merveilleux, avec des photos splendides... Il parlait de la mer. Moi, je ne l'ai jamais vue en vrai, la mer.

Peu après, Fabrice annonça :
— Le compte y est, m'sieur !

Nous avons vérifié, payé, empaqueté et nous sommes repartis.

En chemin, Édredon était encore gêné. Bon sang ! Ce n'était pourtant pas la première fois qu'il chapardait... ni qu'il se faisait prendre, d'ailleurs. Mais je ne l'avais jamais vu dans cet état. Les mots de la Taupe l'avaient sans doute touché de plein fouet. Quelle idée, aussi, de glisser un livre sous son pull (surtout un gros), lui qui les déteste ?

Ce soir-là, tout le monde, sauf Édredon, a emporté un bouquin à la maison. Moi, j'ai pris le livre sur la mer et je le regarde en ce moment, au lit.

Comme il est beau ! Comme elle est belle, la mer !

7. Le livre de Vermillon

Hier soir, je me suis endormi sur mon livre, la mer au fond de mes rêves, englouti par le vague à l'âme.

Ce matin, je viens de me réveiller. J'ai le cœur lourd de mon voyage nocturne. Des images bleues ont peuplé mon sommeil. J'ai dormi, bercé par la douceur de rivages aux plages immenses (oui, je sais, ce songe en forme de carte postale fait sourire mais, moi, dont le regard se heurte sans cesse aux murs de béton gris de la zone aux insectes, je rêve de ces grandes étendues bleu et jaune). J'ai aussi voyagé sur des bateaux intrépides.

La mer s'est fâchée plusieurs fois. Jamais elle ne m'a fait peur.

Je m'assois sur mon lit et je cherche mon livre. Je ne le vois plus. Je m'affole. A-t-il disparu ? Non ! Il est là, par terre. Il a glissé pendant la nuit sans doute sous l'effet des vagues de mon corps.

Quelle heure est-il ? A peine neuf heures ! Bon, ça va ! J'ai encore du temps devant moi. Nous sommes mercredi et je ne suis pas pressé.

Mes deux grands frères, Sébastien et Jérôme, sont déjà partis au collège. Ce sont de bons élèves, eux. Moi, je ressemble plutôt à Dorothée, ma sœur, l'aînée de la famille. Elle non plus ne travaillait pas fort à l'école. Elle est maintenant vendeuse à la boulangerie du quartier. Ce métier lui plaît. C'est celui qu'elle a toujours voulu faire. Elle est heureuse.

Je reprends mon livre et tourne les pages une à une. Je regarde les images. Je lis quelquefois les légendes, jamais le texte. Je n'aime pas lire. Aucune importance, les photos me suffisent. Trois d'entre elles sont splendides et attirent

74

particulièrement mon regard.

La première doit être prise de l'extrémité d'une plage dont le ruban clair
s'enfonce vers la gauche. Le ciel est d'une
beauté parfaite. Pas un nuage ne vient
déchirer son bleu tendre. La mer glisse
entre les deux, plus sombre que le ciel.
On voit, de proche en proche, les vagues
cracher leur écume du bout de leurs
lames d'eau effilées. Elles se dirigent vers
la plage. A croire qu'elles ne peuvent aller

de l'autre côté, coincées par le rideau d'azur. Quelques mouettes survolent la mer et sèment leurs taches sur le fond bleu du ciel.

Je suis sur cette plage. Une brise légère caresse mon visage et mes cheveux frémissent sous son souffle doux comme un coussin de velours. Je regarde la mer. Elle s'étend devant moi, accueillante. Quelques vagues viennent lécher mes pieds nus. Je contemple longtemps l'immensité et un bonheur à la mesure du spectacle qui s'offre à mes yeux m'envahit. Alors, je me mets à courir. Des gerbes d'eau accompagnent ma course. Je me précipite vers le point de rencontre du sable, de l'eau et du ciel mais, plus je progresse, plus il s'éloigne. Curieuse sensation...

Je tourne les pages, le cœur chargé de regrets. Si seulement je pouvais voir la mer... un jour !

Quelques pages plus loin, mon regard découvre un voilier. Un très beau voilier. La taille des hommes qui parcourent le pont donne une idée de ses dimensions.

L'après-midi s'achève, le soleil se couche, transformant la mer bleue de la photo précédente en une énorme flaque rougeâtre d'une couleur semblable à celle de mes cheveux. Comme la mer est belle juste avant la nuit ! Ici, nous n'avons jamais de tels spectacles. Le soleil se couche pourtant chez nous comme partout ailleurs mais on le croirait pressé de partir. Il disparaît si vite derrière les bâtiments ! Je le comprends : si j'étais à sa place, si j'avais le choix entre une ZUP et des plages enchantées, des étendues liquides sans fin, je n'aurais pas l'ombre d'une hésitation.

Sur le pont, la voix d'un officier tonne :
— Serrez les voiles d'étai et le grand perroquet !

Les matelots se précipitent vers les échelles de corde (des haubans, je viens de le lire dans la légende sous la photo) et ils les escaladent, aussi agiles que des singes. Je grimpe à leur suite et les rejoins sur une vergue. Nous tirons la toile et la fixons solidement. Le travail accompli, nous redescendons sur le pont.

Et je tourne les pages à nouveau.

Je suis au fond de la mer, maintenant, où je découvre des poissons multicolores plus bariolés que des clowns un soir de fête. Les uns montent et les autres descendent. Certains, à demi cachés dans des trous noirs, laissent dépasser leur tête. Ah ! ils ont fière allure, ces poissons ! Ils sont plus attirants que ceux du rayon poissonnerie, au supermarché. Dans un coin de la photo, on distingue une étrange bestiole. Une anémone de mer, si mes souvenirs sont exacts (j'en ai déjà vu à la télé). Drôle de bête. Uniquement un corps mou et des filaments... des tentacules, je crois. Un curieux animal sans pattes ni tête. Une bouche ridicule, même pas un œil. Rien pour rire, pour parler, pour embrasser, pour pleurer. Rien pour vivre, quoi ! J'aperçois également quelques coquillages ; eux aussi sont très jolis : on les croirait en faïence. Ils sont encore plus beaux que la vaisselle des jours de fête.

Plus je regarde ces photos, plus je me dis que la mer est vraiment une très belle

dame. Ah ! Comme j'aimerais la voir, la toucher, lui donner un baiser d'amitié !
— Franck ! lève-toi et viens prendre ton petit déjeuner. Il faut aller faire les courses. Il est déjà presque dix heures !

Annie m'a fait sursauter. Elle est gentille, Annie, la copine de Papa, je l'aime bien. Évidemment, je préférerais que Maman soit ici mais, d'après ce que dit Papa, ce n'est plus possible. Dommage, très dommage ! J'aimerais tant prendre mon père et ma mère par le cou, les serrer dans mes bras, tous les deux en même temps.

J'abandonne mon livre. A dix heures et demie, je suis prêt et je file au supermarché. En chemin, je rencontre Couscous.
— Salut Vermillon !
— Salut Couscous...
— Alors, quoi de neuf depuis hier ?
— Rien de spécial...
— Tu es sûr d'avoir passé une bonne nuit ? Tu ressembles à une tranche de jambon qui a pris un coup de soleil.

C'est vrai, je ne suis pas encore sorti de

mes rêves et cela doit se voir. Je n'en conviens pourtant pas tout de suite :

— Bien sûr, j'ai dormi comme il faut !

— Oh ! T'énerve pas ! moi ce que j'en dis... Enfin, tu as tout de même l'air bizarre. T'es pas malade au moins ? T'aurais pas mangé de la mayonnaise pas très fraîche ?

Quand on n'est pas en forme, Couscous croit toujours que cela vient de la nourriture. Pour tranquilliser mon copain, je finis par avouer :

— ... Je n'arrive pas à sortir de mon livre...

— Ton livre !... Quel livre ?

— Celui de l'école...

— Ah ! je vois ! ça te travaille... Je vais te dire : moi aussi. C'est d'ailleurs grâce à lui que j'ai la frite ce matin !

— Ah ? Tu as pris un livre sur la mer ?

— Non ! un livre de cuisine ! avec de telles recettes que j'en salive d'avance. Rien qu'en lisant la liste des ingrédients j'ai déjà une idée de leurs goûts, mais j'aimerais connaître leurs odeurs. Les odeurs, c'est très important en cuisine. Il ne me reste qu'à les découvrir... dans peu de temps, ce sera fait : j'ai acheté de quoi mitonner deux ou trois petits plats.

— C'est bien.

— Oui... Bon, faut que je te quitte... si je veux être prêt pour midi.

Couscous s'en va. Je reste là, figé comme un conquérant de l'espace touché par un rayon paralysant. Soudain, une idée me traverse l'esprit. Au fait, il y a un détail de la mer que je ne connais pas, détail qui a de l'importance : son odeur.

A la télé, j'ai vu la mer, je l'ai entendue, mais je ne l'ai pas sentie. On peut dire aussi que je ne l'ai pas touchée. Mais la mer, ce n'est jamais que de l'eau, et de l'eau, j'en ai déjà touché une énorme quantité depuis ma naissance.

Quelle est l'odeur de la mer ? Est-elle si extraordinaire ? Dans mon livre, j'ai lu qu'elle avait une odeur incomparable. Elle sentirait, comme ils disent dans les publicités, la fraîcheur sauvage. Moi, je veux bien mais qu'est-ce que c'est la fraîcheur sauvage ? Et puis, d'habitude, l'eau ne sent rien... en tout cas, jamais très bon, surtout quand elle stagne. La mer reste toujours à la même place et elle aurait une odeur agréable ? Curieux !

J'essaie d'imaginer cette odeur. Quelles sont mes odeurs préférées ? Celles du lilas, du muguet, de la pluie au printemps, d'un bonbon à la fraise, d'un gâteau sortant du four. J'aime aussi le parfum de la rose, celui de Maman, celui d'Annie. Je mélange tout cela dans ma tête et j'en suis plutôt écœuré.

Quelle est donc l'odeur de la mer ?

8. Le goûter

Jeudi matin. Couscous vient à ma rencontre dès que j'arrive dans la cour de l'école.

— Salut Vermillon !

— Salut Couscous !

— Tu te rappelles les recettes dont je t'ai parlé hier ?

— Oui... Eh bien ?

— Elles étaient fameuses, succulentes, terribles, à en attraper une indigestion.

— Et l'odeur des plats ?

— Encore plus agréable que le goût. Impossible de t'en parler tellement cela sentait bon.

— Veinard ! T'aurais tout de même pu inviter les copains.

— Mais j'ai pensé à vous, figure-toi ! Je n'ai pas oublié les amis, mon vieux ! J'ai apporté un gâteau dont vous me direz des nouvelles. Il est là, dans mon sac.

— Tu risques pas de l'écraser ?

— Tu rigoles ! J'ai pris mes précautions : j'ai mis la crème qui l'accompagne dans un pot qui ferme bien. J'aime trop les bons petits plats pour ne pas faire attention.

La cloche vient interrompre notre conversation. Nous entrons en classe. Sans attendre, Couscous va voir la Taupe. Il lui annonce ce qu'il a dans son cartable. Le maître semble enchanté et propose :

— Nous pourrions manger le gâteau de Miloud cet après-midi, après la récréation. Ce serait un fameux goûter.

Cette délicieuse idée est retenue dans la joie.

Et la journée passe comme d'habitude. Avec tout de même une différence de

taille : nous étrennons notre coin bibliothèque. Nous y allons dès que nous avons
un temps libre. Je suis un des premiers à
le fréquenter.

Ça fait une impression bizarre d'être
là. On peut s'allonger ou s'asseoir... C'est
très agréable. Pour la première fois, je
peux m'installer comme je veux en
classe...

J'ai pris le livre sur la mer et tourne à
nouveau les pages. Tout doucement, je
me mets à lire. Les photos ne me suffisent plus. Il faut que j'en sache davantage
sur cette mer mystérieuse. Mais il y a un
problème : je lis lentement et venir à
bout d'une page me prend un temps fou.
Par chance, les lettres sont assez grosses.

J'ai déjà lu cinq pages quand arrive la
récréation de l'après-midi. Pour moi, un
véritable exploit !

Après la récréation, nous nous instal-
lons enfin autour de la grande table du
fond, une de celles qui servent à travailler en groupe.

Couscous apporte le gâteau. A première vue, c'est un gâteau comme les autres, mais bientôt l'odeur alléchante de la crème se précipite vers nos narines pour mieux nous affamer. Couscous recouvre le biscuit d'un geste sûr. Ensuite, il le décore de fruits confits et de raisins secs. Il faut reconnaître qu'après ce travail, le gâteau a de l'allure. Couscous est un artiste, dans son genre : il a réalisé de jolis dessins en fruits confits.

Alors, arrive le moment le plus délicat avant la dégustation : le partage. Couscous remonte ses manches, saisit le couteau que lui tend la Taupe et s'apprête à découper son *œuvre* en douze. Il commente :

— On coupe en deux pour commencer. Comme ça, il y aura six parts à faire dans chaque moitié... Bon, je prends la première, je la divise en trois... puis chacune de ces trois parts en deux... Et voilà ! Maintenant, même travail avec la seconde moitié...

Nous sommes tous admiratifs. Il a déjà du métier, l'apprenti cuistot ! Lui qui rencontre mille difficultés pour faire une

d'abord on coupe en deux

addition à retenues, il coupe un gâteau en douze avec une facilité incroyable. Et les parts sont vraiment égales.

Chacun se sert et déguste son morceau de gâteau. Un goût merveilleux se répand dans notre bouche. C'est fameux ! C'est super !

Couscous est heureux. Il mange et nous regarde en même temps. Il lit notre bonheur sur nos visages... Et la Taupe, qui le découvre aussi, déclare :

— Mon vieux Miloud, vraiment, tu nous

87

gâtes. Toutes mes félicitations. Ce gâteau est délicieux !

Nous renchérissons en chœur :

— Oui, il est terrible !

Notre copain tortille ses doigts dans tous les sens. Il est confus, gêné et il rougit de plaisir. Écarlate comme un litre de sirop de grenadine bourré de colorants, il articule :

— C'est... c'est trop. Vous en faites trop. Le mérite ne me revient pas vraiment : avec le bouquin, c'était du gâteau ! C'est lui qu'il faut féliciter.

— Parce que tu as trouvé une recette pareille dans ton livre de bibliothèque ? s'étonne Édredon que la dégustation a sorti de son sommeil.

— Et comment ! J'ai suivi la recette à la lettre près.

— Ben, mon vieux ! Tu me souffles !

Depuis sa mésaventure à la librairie, je crois qu'Édredon aime encore moins les livres... ou qu'il les déteste davantage. Il est le seul à ne pas être allé dans le coin bibliothèque. Il est aussi le seul à ne pas avoir emporté de livre chez lui. Réussir à fabriquer un gâteau à partir d'un livre lui paraît inimaginable... mais on peut encore faire bien d'autres choses quand un livre nous plaît.

Moi, j'ai envie de parler de mon livre.
— Le livre de Couscous donne des recettes. Le mien raconte la mer et il invite à rêver.

Édredon hausse les épaules. J'insiste :
— Si ! si ! dedans, il y a des chouettes photos et des explications écrites tout petit : j'en ai lu cinq pages.

Cela n'impressionne toujours pas mon copain Édredon.
— Moi, tu sais, la mer, je la connais. Je la vois à chacun de mes voyages au Portugal, chez ma grand-mère. Et cinq pages, c'est pas demain la veille que je les lirai.
— Alors, si tu connais la mer, tu peux nous dire comment elle est ? demande Claudine. Je ne l'ai jamais vue en vrai.

Et la discussion démarre. Seulement trois d'entre nous, les trois Portugais, ont déjà vu la mer en vrai : Carlos, José et Émilia. Ils en ont de la chance.

Ils nous expliquent qu'elle est immense, belle, bleue ou grise, douce ou
violente, sage ou en colère suivant son
humeur... et la météo. Quand je veux
connaître son odeur, personne n'est
vraiment capable de me la décrire. Le
maître essaie bien de m'expliquer mais je
ne comprends toujours pas : c'est difficile à imaginer, une odeur, quand on ne
l'a jamais sentie.

9. L'idée de la Taupe

J'ignore ce qui travaille la Taupe, ce matin, mais il est bizarre. Non ! il n'est pas malade. Pas du tout ! Mais il n'est tout de même pas dans son état normal. Depuis le début de la classe, il nous regarde, un sourire discret au coin des lèvres. Une lueur de malice brille dans ses yeux grossis par les loupes qu'il porte sur le nez. Je le soupçonne de nous réserver une surprise. Cette attitude intrigue aussi les copains et les commentaires et questions retentissent :

— Qu'est-ce qu'il a, la Taupe, aujourd'hui ?

— J'en sais rien mais il n'est pas comme d'habitude.

— Ça ne m'étonnerait pas qu'il nous cache quelque chose.

— Une interro ? Une punition ?

— Mais non ! Ça fait cent fois qu'on te dit qu'il n'est pas comme les autres, mon vieil Édredon ! Tu peux dormir tranquille.

— Moi, je pense plutôt qu'il s'agit d'une surprise agréable.

— Peut-être encore un gâteau ?

— Il a envie de jouer au foot.

Chacun y va ainsi de son couplet et nous parlons maintenant à tort et à travers. La Taupe intervient :

— Dites ! S'il vous plaît, un peu de silence ! Nous sommes en classe, ici, pas au marché couvert ou au café du coin. J'aimerais avoir un peu de calme... d'autant que j'ai à vous parler sérieusement et je souhaiterais profiter de toute votre attention.

Ça y est ! Nous avions raison. Il va nous déballer sa marchandise. Tant mieux ! J'aime les paquets cadeaux... à condition de découvrir vite ce qu'il y a dedans.

La Taupe prend un air d'espion qui s'apprête à dévoiler un secret et s'installe au milieu de nous. Il se râcle la gorge. L'affaire doit vraiment être importante car il n'a pas l'habitude de nous causer avec un pareil tralala.

— Voilà !... Mardi soir, je vous ai écoutés discuter. Très peu d'entre vous connaissent la mer et cela m'a donné une idée. Hier, je me suis renseigné et aujourd'hui j'ai une proposition à vous faire : partir en classe de mer, ça vous dirait ? Nous pourrions aller à Cancale, du 14 au 30 mai...

Nous nous regardons les uns les autres, ne sachant comment réagir. On ne s'attendait pas à ça !... Un lourd silence s'abat soudain. La Taupe le rompt :

— Oui ! Nous pourrions aller en classe au bord de la mer. Ce serait tout de même plus agréable que de travailler ici. Cancale se trouve en Bretagne, sur les côtes de la Manche... (La Taupe indique un point sur la carte murale mais cela ne nous dit pas grand-chose.) Nous pour-

rions faire classe le matin et visiter le pays, pratiquer la voile, l'après-midi.

— On pourrait aussi se baigner ?

Le maître sourit.

— Non ! Il ne faut pas y compter. La Manche est trop froide à cette époque.

La Taupe détaille ensuite toutes les activités que nous pourrions avoir là-bas. Nous réalisons enfin de quoi il s'agit et nous laissons éclater notre joie. Nous la laissons d'ailleurs éclater si bruyamment que Pépé Joulot passant par là ouvre la porte d'un coup sec. Il nous regarde avec des yeux de merlan frit.

— Qu'est-ce qui se passe ici ? C'est la révolution ?

— En quelque sorte, M. Joulot, répond la Taupe. Disons plutôt que je viens de leur annoncer une bonne nouvelle et ils sont heureux.

— Essayez de tempérer leur bonheur.

— Oui... la maison n'est pas conçue pour résister aux explosions de joie.

Surpris par cette réplique aigre-douce, Pépé Joulot dévisage la Taupe et referme la porte sans rien ajouter.

Nous sommes très agités et notre cher maître a du mal à nous calmer. Une fois le silence revenu, il nous explique de sa voix posée :

— Nous ne sommes pas encore partis. Nous n'aurons pas trop de quatre mois pour résoudre les problèmes qui vont se poser. Certains le seront facilement, d'autres seront plus difficiles à surmonter, en particulier celui de l'argent.

— Ça coûte cher ?

— Pas vraiment ! 70 F par jour pour chacun d'entre nous plus 2 000 F de voyage pour le groupe. Le séjour reviendra à... tenez, prenez donc vos cahiers, nous allons le calculer ensemble.

Et la Taupe nous explique comment faire. Nous ne raffolons pas des mathématiques mais nous avons hâte de connaître le montant de la facture...

Fabrice est le premier à annoncer le résultat. Cela a pris tout de même un bon moment :

— Ça coûtera 1 190 F par personne plus 2 000 F de voyage, soit un total de 16 280 F !!! Près de 1 400 F chacun !!!

Nous sommes assommés par l'énormité de la somme, les crayons restent suspendus en l'air. Nelly se lamente :

— Mes parents ne pourront jamais débourser tant d'argent !

— Les miens non plus, renchérit Akim.

— J'y ai déjà pensé, dit la Taupe. Nous devrons donc gagner la plus grande partie de l'argent nécessaire à la réalisation de ce projet.

— C'est un sacré paquet de sous !

— Oui... ça va pas être facile.

— On n'a qu'à faire des gâteaux et les vendre au marché le dimanche matin.

— C'est une bonne idée, mais ça suffira pas... On pourra aussi laver des voitures.

— Ou aider le gardien à sortir les poubelles.

— Et si nous donnions un coup de main à des maçons pour construire des maisons, propose Gamine.

— Tu sais construire des maisons ?

— Non ! Mais ça doit pas être difficile. On peut toujours essayer.

Nous voulons aussi aider les agents de police à régler la circulation, remplacer les caissières du supermarché pour leur permettre d'aller jouer avec leurs enfants, nettoyer les pelouses de notre quartier.

La Taupe reprend la parole :

— Vous avez plein d'idées mais certaines ne me paraissent pas très réalistes. Réfléchissez, nous en reparlerons la semaine prochaine.

— Et si nous allions en discuter dans notre cabane, après la classe, lundi soir ?

— Pourquoi pas ! Ce serait bien agréable de changer de cadre... et je serai content de voir votre construction.

Nous voici maintenant réunis au terrain vague. Même Édredon est là. Je crois que la classe de mer commence à l'intéresser. Nous sommes un peu serrés. Notre bicoque n'est pas prévue pour abriter douze personnes à la fois. C'est un petit abri de planches plus ou moins bien jointes mais chacun y a mis sa touche personnelle et nous en sommes très fiers.

Notre maître visite ce palais et découvre le système d'évacuation des eaux sales inventé par Fabrice avec de vieilles boîtes de conserve, le tableau de patchwork fait avec des tissus apportés par Akim et Nelly, le réchaud à alcool récupéré puis bricolé par Couscous...

Ensuite, la discussion s'engage. Elle est longue et animée. A la fin, nous ne retenons que trois idées : laver les voitures, aider le gardien à sortir les poubelles et vendre des gâteaux sur le marché.

Nous sommes certains de partir en

laver les voitures.

aider le gardien à sortir les poubelles

vendre des journaux ?

je ramasserai des coquillages

classe de mer. La Taupe, lui, en est beaucoup moins sûr. A son avis, il faudra
trouver d'autres moyens de récolter de
l'argent. Mais ses réserves ne diminuent
pas notre enthousiasme et nous rêvons à
haute voix :

— Faire de la voile, ça doit être chouette !
— Sûr ! Moi, quand je serai dans mon
voilier, j'irai presque aussi vite qu'en
bateau à moteur.
— Moi, je ramasserai des moules et je les

ferai cuire. J'inventerai une fameuse recette... elle aura une odeur terrible.

— Moi, je dormirai sur le sable chaud en
plein soleil, et je penserai au Portugal.
J'aurai l'impression d'être près de ma
grand-mère. Elle est chouette.

— Je ramasserai des coquillages et j'en
ferai de beaux colliers.

— Je fabriquerai des cerfs-volants qui
s'envoleront plus haut encore que les
nuages.

— Et moi, je respirerai l'odeur de la mer.
Je la sentirai fort, très fort, longtemps,
pour ne jamais l'oublier.

10. Pâtisserie à l'école

Dimanche matin. Nous allons vendre les gâteaux fabriqués hier après-midi... car nous sommes venus à l'école un samedi après-midi ! Cela en a surpris beaucoup, à commencer par Pépé Joulot. Pour nous, c'était normal : il faut savoir ce que l'on veut... et ce que nous voulons, c'est partir en classe de mer.

Nous étions tous là et n'avons pas perdu de temps. La liste des achats a été vite faite et nous avons filé au supermarché.

Le matin, deux d'entre nous étaient allés voir Pépé Joulot au nom de la classe. Il a fallu drôlement discuter mais le directeur a fini par accorder quelques sous à notre coopérative.

Même si elle nous surveille encore de près, j'ai l'impression que la patronne du supermarché commence à nous trouver gentils. C'est peut-être parce que nous lui avons laissé une jolie somme d'argent : presque toute notre cagnotte... mais je suis mauvaise langue !

Nous étions chargés comme des mulets. Nous avions de quoi fabriquer une trentaine de gâteaux.

Dès notre retour, un groupe a préparé pâtes et ustensiles, les autres ont écrit les recettes au tableau. Entre parenthèses, ce dernier travail, ce n'était pas de la tarte, comme dirait Couscous. J'en sais quelque chose : moi qui peine déjà à écrire sur un cahier ! Au tableau, c'est encore plus difficile. Alors j'ai pris mon courage à deux mains et la craie dans une seule, c'est tout de même plus pratique pour écrire. J'ai tiré la langue pendant un bon moment en m'appliquant mais ça valait la peine : j'étais content du résultat.

Couscous dirigeait les opérations, passant d'un groupe à l'autre. Il est terrible Couscous. Du bout des doigts, il goûtait à nos mélanges puis signalait ce qui n'allait pas :

— Ajoute un peu de sucre !

— La pâte est trop épaisse. Verse du lait et n'arrête pas de touiller au fur et à mesure.

Un vrai chef cuistot ! Tout se passait dans la bonne humeur. A un moment, avec José, j'étais en train de mélanger une crème. Cela faisait beaucoup de mousse dans notre compotier car nous brassions avec ardeur. Nous y mettions de l'huile de coude, comme dirait Maman. Tout en passant, Couscous a conseillé :

— Attention de ne pas vous salir, la mousse... tache !

José a pris un air très las et m'a demandé :

— Tu ne trouves pas qu'il devient barbant avec ses jeux de mots ?

— Moi, je le trouve au poil ! Il ne me rase pas du tout.

Pour la cuisson, nous avions accès à la cantine. Dès que la pâte était versée dans un moule, on le glissait dans un four. Et c'est ainsi que vers cinq heures, nous avions terminé. Les gâteaux étaient prêts : dorés, décorés, appétissants, hummm ! ! !

Pour moi, hier après-midi, l'ódeur de la mer ressemblait à s'y tromper à celle d'un gâteau sortant du four.

11. Sur le marché

Je me dépêche. Ce matin, pas question de traîner au lit. Nous avons rendez-vous devant le portail de l'école à huit heures. Enfin, quand je dis nous, il s'agit seulement de la Taupe, Édredon (pourvu qu'il se réveille), Couscous, Émilia, la Concierge, Gamine et moi. Les autres comptent proposer leurs services aux gens du quartier pour nettoyer leurs voitures.

J'arrive à huit heures pile. Eh bien, Édredon m'a devancé ! Il connaît déjà la mer mais voudrait la revoir. Il paraît bien réveillé, l'animal... il n'a même pas mis d'allumettes pour soutenir ses paupières et les empêcher de se refermer ! S'il continue, il faudra lui trouver un autre surnom, le sien ne lui conviendra plus. Un peu comme si on s'entêtait à faire porter un tutu de danseuse d'Opéra à un joueur de rugby.

— Ah ! Te voilà enfin ! clame Couscous. Nous n'attendions plus que toi. Ce n'est pourtant pas dans tes habitudes d'arriver en retard.

— D'abord, je suis à l'heure ! Ensuite, je ne suis pas le dernier puisque la Taupe n'est pas encore arrivé...

Nous attendons. Nous discutons de choses et d'autres. De temps en temps, je regarde ma montre.

Huit heures dix, personne.

Huit heures vingt, toujours pas d'instituteur.

— On n'a vraiment pas de chance, constate Gamine. La Taupe n'est jamais en retard, et il faut qu'il le soit aujourd'hui...

Huit heures vingt-cinq.

106

— Qu'est-ce qu'on fait ? demande Émilia.
On rentre chez nous ?
— Ça va pas ! s'insurge Couscous. Demain, les gâteaux seront déjà moins
bons. Nous devons les vendre ce matin...
— Gros malin ! Ils sont enfermés dans
l'école et c'est la Taupe qui a la clé. On ne
va tout de même pas casser une vitre
pour les récupérer ?...

Un bruit de moteur mal en point retentit dans la rue des Coccinelles. Nous
tournons la tête. La Taupe arrive au
volant de sa dedeuche qui toussote, cra-
chote comme si elle était à l'agonie.
— Fiiiuuu ! ! ! Elle tourne pas rond la
pétrolette du maître. Pourvu qu'elle
puisse emmener notre matériel au marché...
La voiture grise stoppe. La Taupe reste
au volant et donne de petits coups d'accé-
lérateur. Il soulève sa vitre et m'appelle
en me tendant une clé.
— Ouvre et cours chercher les gâteaux
avec tes camarades ! crie-t-il entre deux
vrombissements essoufflés du moteur.

Mon auto a peiné à démarrer ce matin et j'ai peur qu'elle cale...

Je saisis la clé, bondis vers le portail et je la glisse dans la serrure quand, dans un dernier sursaut grinçant, le moteur de la dedeuche s'arrête.

Nous nous retournons inquiets.

La Taupe actionne le démarreur à plusieurs reprises, sans résultat. La guimbarde émet un bruit lancinant qui va s'affaiblissant. Une ultime tentative et puis, plus rien, la batterie est à plat.

Le maître descend, furieux.

— Bougre de tas de ferraille ! Me faire ça ce matin ! Non ! Je vous jure... Il va falloir aller à pied au marché...

La Taupe donne un coup de pied rageur dans l'un des pneus de son tacot. Enfin, il prend une profonde inspiration, se calme et nous invite à le suivre. Nous lui emboîtons le pas, troublés. C'est la première fois que nous le voyons perdre son calme.

Notre cortège s'élance quelques instants plus tard. Enfin, j'exagère car notre chargement ne nous permet pas d'avancer très vite. Disons plutôt que notre cortège prend tant bien que mal la direction du marché... qui est à l'autre bout de la ZUP.

La Taupe se trouve en tête, chargé de deux gros tréteaux lourds comme du plomb. Viennent ensuite Édredon et Émilia, avec la grande planche à poser sur les tréteaux. Arrive Gamine trimbalant le cahier de comptes et le papier pour décorer l'étal. Couscous, la Concierge et moi, les trois porteurs des gâteaux, bien rangés dans de petites cagettes à claire-voie empilées les unes sur les autres, fermons la marche. La Taupe a émis quelques doutes sur notre technique de transport : il craignait de voir les gâteaux du dessous écrasés. Couscous l'a rassuré : c'était du costaud... et les cagettes étaient solides.

Dans le petit matin, nous avançons à une allure de tortue, chargés comme des bêtes de somme. Peu de gens sont levés. Le calme règne dans la zone aux insectes. D'abord, il n'y a pas un chat. Pourtant, nos gâteaux doivent avoir une odeur alléchante car nous sommes bientôt suivis par une bande de chiens affamés.

Je ne vois pas très bien où je vais... et cela va provoquer une catastrophe. Nous approchons de la rue des Hannetons. Des voitures circulent. La Taupe s'arrête pour les laisser passer. Émilia et Édredon font de même. Moi, je continue et j'entre en collision avec la Concierge. Dans le choc, sa pile de gâteaux bascule... Je maintiens l'équilibre de la mienne par miracle. Je ne suis pas encore remis de mes émotions que la Concierge hurle déjà :

— Ah ! Bravo ! Regardez-moi ce travail ! Allez, les chiens ! Du vent ! Du balai ! Ouste ! ! !

Je constate les dégâts : cinq gâteaux sont tombés, les chiens se sont précipités dessus. Nous n'en récupérerons pas une miette ! La Concierge vocifère :

— Non, mais tu ne peux pas faire attention, Vermillon ? Quand on sait pas conduire, on prend pas le volant. Ça ! Quelle drôle d'idée de te faire confiance !

— Mais... mais, je ne voyais rien avec ces fichus gâteaux devant les yeux.

— Fallait regarder sur le côté, chauffard ! Danger public ! Écrabouilleur d'honnêtes gens !

— Voilà que la Concierge en fait tout un plat ! Ça tourne au vinaigre ! commente Couscous qui ne perd pas son humour.

La Taupe essaie de calmer la victime :
— Allons ! Allons ! Claudine ! Je comprends, mais ta colère est inutile...

quand on ne sait pas conduire on ne prend pas le volant !

111

Franck ne l'a pas fait exprès... Prends donc deux de ses cagettes, il verra mieux sa route maintenant.

L'incident est à peu près clos. Nous nous remettons en marche. Claudine bougonne encore entre ses dents mais cela lui passera. A neuf heures vingt, nous arrivons sur le marché. Les véritables ennuis vont commencer. Jusqu'à présent c'était de la rigolade.

Il faut d'abord trouver un emplacement et ce n'est pas facile. Il est tard et toutes les places semblent prises. Après de longues recherches, nous finissons par dénicher un espace libre à l'extrémité du marché, à côté d'un autre pâtissier ambulant. L'endroit n'est pas immense mais il nous suffira.

La Taupe installe les tréteaux en vitesse. Édredon et Émilia fixent la planche dessus. Gamine étend le papier en guise de nappe et nous disposons nos gâteaux. Couscous hurle aussitôt :

— Ils sont beaux, nos gâteaux ! Ils sont bons et pas chers ! Ils sont bons, nos gâteaux !

Le pâtissier, lui, n'apprécie guère notre compagnie et nous reluque d'un œil hostile. Je ne dis rien mais les copains, la Taupe le premier, clament en compagnie de Couscous :

— Ils sont bons et pas chers, nos gâteaux ! 20 F le gâteau pas cher et très bon ! Dépêchez-vous, nos stocks sont limités ! Il n'y en aura pas pour tout le monde ! C'est une occasion unique !

Quelques personnes s'approchent. Les cris des copains ont attiré leur attention, mais c'est alors que notre voisin se met à tonner :

— Pourquoi êtes-vous là, d'abord ? Vous n'avez pas d'autorisation. Il faut payer un droit de place.

La Taupe rétorque sans se troubler :

— C'est ce que nous ferons dès que l'employé municipal passera.

— Le voilà, justement !

Guindé dans son uniforme bleu, le nouvel arrivant se dirige vers notre maître.

— Bonjour, monsieur. C'est la première

fois que vous venez ? Je ne crois pas vous avoir déjà rencontré.

— Oui, c'est la première fois !

— Auriez-vous l'amabilité de me suivre jusqu'à mon bureau ? J'ai quelques formulaires à vous faire remplir.

La Taupe s'en va.

Voyant que sa première tentative pour nous empêcher de vendre vient d'échouer, le voisin ronchonneur repasse à l'attaque :

— Pas chers, vos gâteaux ? Je n'en suis pas certain. Le rapport qualité-prix ne me semble pas terrible. Rien qu'à les voir, on devine qu'ils sont infects ; vous pouvez les brader !

Couscous est piqué au vif et son visage prend des allures de piment rouge bien mûr. Il explose :

— Comment, ils sont infects ? Vous y avez même pas goûté ?

— Je n'ai pas envie de m'empoisonner... et j'ai du métier. Il me suffit de regarder vos machins pour savoir qu'ils ne sont pas mangeables !

— Pas mangeables ? Je vais en déguster

un devant vous et vous verrez s'ils ne sont pas mangeables !

Couscous joint le geste à la parole, et, accompagne sa dégustation de « hmmm ! » et de « ahhh ! » gourmands. Le pâtissier reste impassible mais, dès que notre copain a terminé, il attaque de nouveau :

— Pfff ! J'ai bien vu que vous vous forciez. Je suis certain que dans deux minutes, vous allez cracher ce que vous venez d'avaler !

— Moi ? Certainement pas ! Je vais même manger une autre part en votre compagnie !

Couscous découpe deux nouveaux morceaux de gâteau. Le pâtissier mange avec force grimaces puis commente, méprisant :

— Oui ! C'est bien ce que je pensais ! très quelconque : cela ne vaut rien. Il n'y a pas assez de sucre, pas assez de lait, pas assez de farine, pas assez d'œufs. Il est trop cuit par-ci, pas assez par-là et je suis sûr que sans vraiment chercher, on pourrait y trouver des débris de coquille.

Le ton continue de monter entre Couscous et notre désagréable voisin. Attirés par les éclats de voix, des gens s'agglutinent devant notre étal comme des mouches sur une tartine de miel. La colère de Couscous gonfle. L'affaire va mal tourner mais, quand notre copain s'énerve, il est impossible de le calmer. Toute tentative est inutile. Comme si nous voulions arrêter un train lancé à cent à l'heure avec une allumette posée sur un rail. Couscous hurle :

— Vous n'êtes qu'un menteur, monsieur ! Un menteur et un mauvais joueur. Vous n'acceptez pas la concurrence. Je vais les faire goûter, mes gâteaux ! Nous verrons bien si tout le monde partage votre avis... mais je suis tranquille.

Alors, avant même que nous ayons eu le temps d'esquisser un geste, Couscous débite dix gâteaux et en offre aux curieux. Il n'y en a pas assez. Encore dix autres gâteaux. Enfin, comme il en manque encore, il découpe les cinq derniers. Il attend, l'œil serein, dévisage ses futurs clients et interroge :

116

— Alors ? Comment sont nos gâteaux ?
— Très bons !
— Fameux !
— Excellents !
— Succulents !
— Délicieux !
— Une joie pour le palais !
— On en remangerait !
— Eh bien, ne vous gênez pas ! jubile
Couscous d'un air vainqueur. Ils ne sont

pas chers, nos gâteaux : 20 F seulement !

— Ça ! Pour pas être chers, ils n'étaient pas chers, nos gâteaux, articule la Concierge. Ces gens les ont dévorés sans débourser un centime ! Maintenant, il n'y en a plus un seul !

— Comment ?

— Ben oui ! Tu les as tous distribués !

Couscous se rend compte du désastre. Le pâtissier, fou de joie, profite de la présence de la foule pour vendre ses produits à tour de bras. Il y en a au moins un qui fait des affaires aujourd'hui !

La Taupe arrive quelques instants plus tard.

— C'est la faute de Miloud, explique Gamine d'une voix révoltée.

Le maître essaie de calmer chacun :

— A quoi cela sert-il d'accuser quelqu'un ? Je suis certain que Miloud est le premier puni... N'est-ce pas ?

Couscous, malheureux, baisse la tête et ne répond pas... Il est parfois des silences qui en disent plus long qu'un torrent de paroles. La Taupe lui tape sur l'épaule.

— Inutile de te lamenter. D'autant que tu

as cru bien faire. Tu t'es laissé emporter, voilà tout ! Rapportez le matériel à l'école. Pendant ce temps, je vais voir l'employé pour me faire rembourser. Étant donné que nous n'avons rien vendu, il n'y a aucune raison de payer quelque chose.

Ainsi fut fait et je peux dire que ce matin-là, mes espoirs de sentir l'odeur de la mer s'évanouirent aussi vite qu'ils avaient pris naissance. Pour les copains également, tout semblait perdu. Notre colonne traversa la zone aux insectes en silence. Nous avancions la tête basse.

Cela fait très mal, un rêve qui s'évanouit.

12. L'espoir renaît

Dès le lundi, nous avons examiné de nouveau la situation : elle n'était pas brillante. Pire ! Elle était catastrophique. Non seulement nous n'avions pas gagné un centime mais nous avions dépensé beaucoup d'argent pour nos gâteaux. Heureusement que la Taupe avait réussi à récupérer le droit de place. L'employé municipal s'était un peu fait tirer l'oreille mais l'avait tout de même reversé. Ce n'était pas un homme trop borné.

Les copains qui espéraient laver des voitures n'avaient guère trouvé de clients car, en fait, les gens s'étaient passés de leurs services... sauf un grand-père qui avait absolument tenu à leur donner vingt francs au lieu de dix. Il y a de chouettes personnes dans notre quartier... mais elles sont rares.

Notre dernier espoir, les poubelles, s'était écroulé comme les deux autres. En passant ce matin, avant la classe, voir M. Hameau à la loge, José et Nelly avaient bien failli se faire expédier avec un coup de pied aux fesses. Cet affreux bonhomme est aimable comme une porte de prison. Dans l'histoire, il a récupéré une lettre de plus à son nom. Tout le monde, sauf la Taupe, mais je suis certain qu'il n'en pense pas moins, l'appelle désormais M. Chameau.

Nous n'avions pas de quoi être heureux. La mer s'étendait toujours loin de nous mais nos espoirs fous nous l'avaient rendue plus proche. Ce sombre dimanche venait de ruiner nos rêves qui n'étaient plus que des cauchemars, et la Manche nous paraissait inaccessible.

Elle avait pris la place d'un fruit trop haut perché pour être cueilli.

Si je repensais à l'odeur de la mer, mon imagination m'abandonnait. Un voile d'amertume m'en cachait le parfum... sauvage. Trop sauvage : je ne l'apprivoiserais jamais.

Je n'écoutais plus la conversation et je feuilletais le livre sur la mer avec des gestes mécaniques. Désabusé, je regardais les photos.

La plage n'était plus qu'un ridicule ruban jaune longeant une idiote tache bleu sale.

Le bateau avait perdu son bel aspect d'aventure. C'était une vieille coque de noix piquée çà et là de quelques allumettes à demi brûlées en guise de mâts. Les marins s'étaient transformés en cafards qui grouillaient sur le pont.

Sur la troisième photo, l'anémone n'était plus qu'un vulgaire bout de plastique. Elle ne vivait plus et les poissons s'étaient figés dans une attitude ridicule qui me donnait presque envie de pleurer.

Je naviguais sur le navire de mes rêves, qui venait de couler dans l'océan des espoirs déçus. L'écume me prenait à la gorge et me suffoquait.

La Taupe essayait de nous remonter le moral. Même Émilia avait mis son cœur en veilleuse. Cela aurait été tellement chouette de voir, de toucher, de sentir la mer.

— Ce n'est pas parce qu'on a essuyé un échec qu'il faut renoncer, dit le maître. Nous n'allons pas déjà baisser les bras.

— Nous n'avons plus assez d'argent pour fabriquer des gâteaux.

— La coopérative d'école en a encore !

— Peut-être ! Mais M. Joulot n'était pas très enthousiaste samedi dernier, alors ça m'étonnerait qu'il accepte maintenant.

— J'en fais mon affaire...

L'échange dura encore un long moment. La Taupe, peu à peu, parvint à nous convaincre. Il fallait continuer, ne pas céder au découragement.

Le dimanche suivant, les affaires marchèrent beaucoup mieux... La dedeuche de la Taupe transporta tout sans difficulté. Nous étions bien placés, en plein milieu du marché, entre un fleuriste et un charcutier. Les trente gâteaux furent vendus en l'espace d'une heure.

Les copains chargés du nettoyage des voitures eurent, eux aussi, plus de succès. Ils en lavèrent huit. Ce n'était pas terrible mais c'était toujours ça.

Le moral était revenu et nous avons travaillé ainsi quatre dimanches consécutifs. Notre pâtisserie plaisait et, chaque fois, nous en préparions et en vendions davantage. Les copains, par contre, n'avaient pas trouvé plus de voitures à laver.

Au bout d'un mois, nous faisons les comptes et une certaine inquiétude nous gagne. Nous possédons à peine trois mille francs en caisse et le départ en classe de mer est dans trois mois.

— Nous n'aurons jamais assez d'argent à ce rythme-là, déclare Fabrice.

— Moi, quand je manque de sauce pour accompagner un plat, j'en rajoute. Forçons encore sur les gâteaux, insistons pour les voitures.

— Ce ne sera pas assez, même si nous travaillons comme des forçats... fait remarquer la Taupe. Cependant, j'ai une idée qui pourrait augmenter sensiblement nos gains... mais ce n'est pas sans risque... Il prend une profonde inspiration puis continue : nous pourrions organiser un concert.

Akim fait une grimace de dégoût.

— Beuh ! J'aime pas la grande musique !

— La musique classique est très belle. Tu penses ainsi parce que tu ne sais pas l'apprécier... Je t'apprendrai, à tes copains aussi... Mais là, je vous suggère d'organiser un concert rock et non un concert de musique classique.

Nathalie s'esclaffe :

— Un concert rock ! Vous aimez le rock ?

— Bien sûr ! Qu'est-ce qui te fait penser le contraire ?

— Ben... Votre tête, m'sieur. Vous n'avez pas une tête à aimer le rock !!! Ni la

126

tenue, d'ailleurs ! ! !

— Tu crois qu'il faut s'habiller de telle ou telle manière suivant la musique que l'on aime ? Qu'il y a une tenue de rigueur, un uniforme à respecter ? Allons, sois sérieuse, Nathalie, et ne te fie pas aux apparences, elles sont souvent trompeuses.

— Vous jouez dans un groupe, m'sieur ?

— Non... Mais j'ai quelques amis qui ont formé un groupe et ils ont pas mal de talent.

127

— Quel est le nom de ce groupe ?

— Iceberg.

— Ça sonne bien. Je crois avoir déjà vu une ou deux affiches sur les murs. Combien ils sont ?

— Cinq : Fanfan à la guitare solo, Michel à la guitare basse, Jeanjean au chant, Patrick à la guitare rythmique et Claude à la batterie. Ils sont bons, croyez-moi !

— Ils accepteront de jouer pour nous ?

— Sans doute. Ils adorent les concerts.

— Et les gens viendront les voir ?

— Cela fait maintenant deux ans qu'ils font des tournées et leur réputation est bien établie.

— Quand saurons-nous s'ils veulent bien nous aider ?

— A la fin de la récréation, j'espère. Je vais les appeler au téléphone.

— Vous croyez qu'un concert rapportera assez d'argent ?

— Si nous savons le mettre en place, je pense que oui... mais il y a toujours un risque. Le risque sera d'autant plus grand que nous devrons nous consacrer entièrement à cette organisation. Nous n'aurons plus le temps ni pour vendre des gâteaux ni pour laver les voitures... C'est un pari. Êtes-vous d'accord pour le prendre ?

— Oui ! ! !

Organiser un concert rock, c'était encore plus chouette que d'aller au marché ou d'astiquer des voitures.

La Taupe nous demande ensuite de nous mettre au travail. Fichtre ! Nous ne sommes pas très attentifs et nous attendons la récré avec impatience. Je me rapproche de la mer. Je l'aperçois. Pourvu que ce ne soit pas un mirage.

A la récré, nous nous agglutinons contre la fenêtre du bureau (Pépé Joulot nous interdit d'y entrer ensemble) car nous voulons connaître le résultat du coup de téléphone le plus tôt possible.

La Taupe compose le numéro, attend quelques instants puis se met à discuter. Nous observons son visage. Nous essayons de deviner ce que signifie telle ou telle contraction des joues. Une grimace ou un sourire ? Nous le croyons tantôt embarrassé, content, déçu, plein d'espoir, désolé, enthousiaste, abattu... En fait, chacun interprète à sa manière et nous ne savons quoi penser.

Après dix bonnes minutes de conversation, la Taupe raccroche d'un geste qui me semble serein... Puis il se tourne vers nous, nous regarde de ses yeux couleur de ciel sans nuage. Il nous adresse un grand sourire et nous fait un signe de la main en levant le pouce : ça marche !

Alors nous traversons la cour en chantant, criant, hurlant, tellement nous sommes heureux. Quelques coups de sifflet nerveux tempèrent notre ardeur.

Les copains commentent maintenant l'événement dans un calme apparent. Moi, je ne dis rien mais je ne peux m'empêcher de penser : « Je sentirai l'odeur de la mer ! Je sentirai l'odeur de la mer ! »

13. Laura

Avant de raconter la suite, je dois parler d'un événement qui s'est produit peu de jours après notre dernière décision. Cela n'a aucun rapport mais j'ai été surpris et il faut absolument que j'en parle. D'autant que j'en suis très heureux.

Il y avait donc près d'une semaine que nous travaillions à notre projet de concert rock (entre parenthèses, ce n'est pas facile de mettre sur pied une fête pareille). Je rentrais de l'école, tranquille. Je venais de quitter les copains et je pénétrais dans la cage d'escalier de mon immeuble quand une fille m'interpella :

— Eh ! cria-t-elle.

Je tournai la tête, étonné. Je ne reconnaissais la voix d'aucune de mes copines de classe. Je fus encore plus étonné quand je découvris son visage. C'était une fille de CM 2. Jamais aucun élève de CM 2 ne nous adressait la parole. Je dus avoir l'air très surpris.

— Tu ne me reconnais pas ? me demanda-t-elle.

Si, je la reconnaissais mais j'étais bien incapable de lui donner un nom.

— Je suis Laura... Laura Hémery, du CM 2 de Mme Lepédu...

Je ne savais pas comment réagir. Je me sentais paralysé devant cette demoiselle. Je m'étais toujours demandé si nous, pauvres élèves de perfectionnement, nous existions vraiment aux yeux de ceux des autres classes.

— Eh ! Dis ! Je suis une fille, pas un martien, me lança-t-elle d'une voix plus chaude et plus gaie qui me fit un peu retrouver mon assurance.

Je parvins à bafouiller :

— Oui... Oui... J'avais remarqué...
Qu'est-ce que tu veux ?

Laura m'adressa un large sourire qui
la rendit vraiment très jolie.
— Je... Je voulais te féliciter pour le livre
que tu as écrit avec tes copains. Notre
maîtresse nous l'a lu et, ensuite, nous
l'avons mis dans notre armoire bibliothèque. Il m'a beaucoup plu. Je l'ai pris et
il est dans ma chambre en ce moment.

J'étais flatté. Le compliment m'allait
droit au cœur mais, je suis comme bien
des gars, je n'aime pas trop montrer mes
sentiments. Pourtant je suis un tendre.
Je déclarai :
— Oh ! tu sais, ce n'est pas terrible !
— Allons, ne sois pas modeste !

Laura se fit alors mystérieuse :
— Je vais te dire un secret mais, d'abord,
promets-moi de ne pas répéter un mot à
qui que ce soit.

Ouah ! Moi, les secrets, j'adore.
— Promis, juré, craché. Je ne dirai rien à
personne, pas même au chien du gardien,
des fois qu'il se mette à parler lui aussi...

Par les temps qui courent, tout peut arriver !

Elle sourit à nouveau. Laura était vraiment très belle. Ses longs cheveux blonds encadraient son visage. Je me suis demandé un instant si elle n'était pas copine avec le soleil à qui elle aurait emprunté des rayons pour en faire une chevelure.

Laura me raconta qu'elle aussi inventait des histoires. Ses histoires, selon elle, n'étaient pas aussi amusantes que la nôtre qui, sans blague, n'était pas mal du tout !

Moi, je croyais qu'elle voulait seulement nous féliciter et confier son secret, mais non, Laura avait une autre idée en tête. Elle me demanda bientôt si je voulais bien lire ses histoires et lui donner mon avis.

J'ai dû rouler de sacrés yeux ! Elle a ajouté, gênée :

— Ben oui... Je n'ose pas les montrer à mes copains et copines. Ils se moqueraient de moi. Toi, tu sembles gentil et puis tu as déjà fait autre chose qu'une rédaction...

Vraiment, Laura me prenait pour quelqu'un de bien mieux que je ne suis en réalité. Je ne voyais pas pourquoi une bonne élève comme elle pouvait avoir besoin d'un mauvais élève comme moi. Je fis remarquer :

— Mais dis donc, ce livre, je ne l'ai pas écrit tout seul. Nous sommes onze dans notre classe et il y a de meilleurs élèves que moi. Fabrice par exemple... Pourquoi m'as-tu choisi ?

— Tu... Tu m'intimides peut-être moins que les autres, bafouilla-t-elle. J'avais envie de te parler.

Ben mince, alors ! Je n'en revenais pas. Moi, Vermillon, j'attirais une chouette fille comme Laura. Quelquefois, il vaut mieux ne pas chercher à comprendre ou on risque d'attraper un terrible mal de tête.

C'est ainsi que nous sommes devenus de grands copains. Nous sommes même des amis maintenant. Nous nous rencontrons assez souvent dans des endroits discrets, jamais à l'école. Notre amitié est un secret qui me fait beaucoup de bien. A Laura aussi, j'en suis sûr, sinon elle ne viendrait plus.

Elle me passe ses histoires, que je lis tant bien que mal. Plutôt bien que mal, d'ailleurs, car elles sont amusantes, quoi qu'en dise Laura.

Et puis les jours passent et nous parlons d'autre chose. Nous discutons assez souvent de l'école. Laura s'ennuie de plus en plus dans sa classe, moi, de moins en moins.

Je lui ai raconté mon rêve, celui de sentir un jour l'odeur de la mer. Laura connaît cette odeur. Elle va tous les ans en vacances au bord de l'océan Atlantique. Elle a une chance formidable. Elle m'a dit que mon rêve était très beau et qu'un jour il se réaliserait. J'en suis moins sûr même si notre concert approche. Encore faut-il qu'il ait du succès.

14. Patates Production

Organiser un concert, ce n'est pas évident ! Nous avons dû penser à une foule de détails, ne rien oublier. En réalité, il nous a fallu près d'un mois pour arriver au bout de nos préparatifs... C'était une vraie aventure. Nous sommes passés par des moments de joie mais aussi des périodes de découragement. J'ai cru plus d'une fois que le château de cartes de mon rêve allait s'écrouler. Heureusement la Taupe, grâce à son humeur égale, a toujours su nous remettre à flot.

Tout a vraiment commencé lorsque Claude et Fanfan sont venus en classe discuter avec nous. Ils avaient apporté une cassette sur laquelle étaient enregistrés plusieurs morceaux d'Iceberg. Nous les avons écoutés avec attention.

Cette musique nous a vraiment plu. Elle est parfois tendre, le plus souvent violente, déchirante, hargneuse. Elle caresse ou agace le cœur et la peau avec ses notes tour à tour douces comme des plumes, tranchantes comme des couteaux de boucher, aiguisées comme des lames de rasoir.

Les paroles nous ont touchés. Elles sont tristes la plupart du temps, soufflent parfois la révolte quand elles parlent de quartiers comme le nôtre... Elles sont aussi pleines d'espoir : elles respirent l'envie de vivre. L'humour y est toujours présent mais on ne sait jamais s'il faut en rire ou en pleurer. Cela nous a surpris.

— La vie sans humour, c'est comme le pain sans sel : c'est fade, a expliqué Claude. Elle manque de goût et on n'a pas envie de mordre dedans. Et puis, on peut rire de tout, même de ses malheurs !

Dans la classe nous avons affiché plusieurs textes créés par Iceberg. Fanfan nous a dit que c'était presque toujours le groupe qui les écrivait. Le texte que je préfère a été inventé pour eux par deux de leurs copains (... qui s'appelleraient Christian et Brigitte, nous, on veut bien !). Le voici :

L'été sur la plage
I
L'été sur la plage, on est bien.
L'été sur la plage, on s'sent bien.
L'été, on est bien.
La mer, les vagues, les palmiers,
Oh ! c'est bien !
Allongés sur le sable d'or,
On regarde les vagues
et les dauphins.
Refrain
Les dauphins !
Mais on est dans notre HLM
Et on joue avec les copains.
On s'y croit.
II
Chanter une plage, on est bien.

Chanter une plage, on s'sent bien.
Chanter, on est bien.
Et puis on sent nos cœurs vibrer,
Oh ! c'est bien !
Allongés sur le canapé,
On regarde les vagues
et les dauphins.
III
L'été, mêm'sans plage, on est bien.
L'été, mêm'sans plage,
on s'sent bien.
L'été, on est bien.
Et il suffit d'imaginer,
Oh ! c'est bien !
Couchés quelque part dans not'tête,
On regarde les vagues
et les dauphins.

C'est une chanson assez facile. La Taupe en connaît les accords à la guitare et nous allons certainement l'apprendre.

Avant le départ de Claude et de Fanfan, nous avons fixé la date et l'heure du concert : il aura lieu le 30 mars à 21 h 30.

Pour le local, il a fallu insister et donner de nombreux coups de téléphone.

Nous avons rendu visite au directeur de la maison des jeunes pour expliquer notre idée en détail. C'est lui qui nous prêtera la salle.

Suite à une longue discussion, il est apparu impossible de mettre en place et, surtout, de tenir seuls les postes nécessaires au bon déroulement de la soirée. La Taupe nous a dit que certains adultes risquaient de ne pas nous prendre au sérieux, peut-être même essaieraient-ils de nous chahuter... Alors, ferions-nous le poids ? En réfléchissant un peu, nous nous sommes aperçus qu'il avait raison.

Nous cherchions comment venir à bout de cette difficulté quand Nelly proposa :

— Si nous demandions à nos parents de nous aider ?

— Ouah ! Ça va pas la tête !

— Autant essayer de faire une omelette norvégienne avec un lapin de garenne !

— Je suis sûre que Papa et Maman ne viendront pas.

— Moi aussi. Ils détestent cette musique autant que moi, les épinards !

La Taupe intervint :

— Je pense pourtant que c'est le moyen le plus simple et le plus intéressant... Et puis, vous avez une piètre opinion de vos parents. Je suis certain qu'ils feront un effort pour vous.

— Pas sûr !

— Eh bien ! je me déplacerai si nécessaire. Je vous aiderai à les convaincre.

Et le maître l'a fait. Avec un plein succès, d'ailleurs, puisque pas une mère, pas un père, ne fera défaut pendant le concert.

Pour moi, je pensais que cela irait tout seul. Je me trompais : la discussion a été beaucoup plus difficile que prévu et j'ai même cru que Papa n'accepterait jamais de nous aider.

Nous sommes à table, le soir, quand j'aborde le sujet :

— Dis donc, Papa, je voudrais te dire quelque chose.

— Oui ! Quoi ?

Nous allons organiser un concert rock

Ouh ! Le ton est cassant, dur. Encore une journée d'usine qui ne lui a pas arrangé les nerfs. J'ai l'impression qu'une tempête se lève à l'horizon. Je sors malgré tout du port et continue, timide :

— Nous allons organiser un concert rock avec la classe.

— Allons bon ! Voilà que cette musique de sauvage envahit les écoles, maintenant !

« Qu'est-ce que je disais ? Il n'a vraiment pas l'air de bonne humeur. C'est bien ma chance ! Le bateau commence à tanguer dangereusement. » Je continue quand même :

— Euh... oui. Nous organisons un concert rock pour pouvoir partir en classe de mer.

— D'abord, qu'est-ce que c'est que cette histoire de classe de mer ?

— Mais voyons, Michel, il nous en a parlé l'autre jour.

Annie est venue à mon secours. Cela me redonne du courage.

— Nous allons donc organiser un concert et nous aurons besoin de vous.

— Qui ça « vous » ?

De moins en moins aimable. Le bateau craque.

— Ben... Annie et toi.

— Comment ? Qu'est-ce que tu racontes ?

Le ton monte encore. Le bateau embarque un paquet de mer et donne de la bande (ça, ce sont des mots que je viens d'apprendre en lisant un nouveau livre qui parle de la mer). Ma voix tremble :

144

— Je veux dire que nous aurons besoin de vous, de tous nos parents, pendant le concert...

— Pas question !

— Mais ce serait dommage que vous ne soyez pas là, Annie et toi.

— Eh bien ! Ce sera dommage ! Je ne supporte pas cette musique qui transforme les oreilles en passoires. Je n'irai pas à ton concert.

Le bateau est submergé. Mon rêve sombre. Annie me lance une bouée :

— Écoute Michel, fais un effort. Franck compte sur toi, aide-le !

La mer redouble de violence et la réponse claque comme un coup de tonnerre :

— J'ai dit non !

Je ne respire plus au milieu des vagues gigantesques. Annie insiste et me lance une seconde bouée :

— Ne sois pas borné, Michel ! C'est pour ton fils.

Papa bougonne dans sa barbe, puis articule sur un ton qui ne supporte aucune réplique :

— Ça suffit ! J'ai dit que je n'irai pas à cette soirée de débauche et je n'irai pas !

Cette fois, c'est fini. Des larmes me brouillent la vue. Je quitte la table, furieux, et je rejoins ma chambre en claquant les portes les unes après les autres. Une nouvelle fois, mon rêve s'évanouit, mais là, c'est la faute de Papa, celui que j'aime le plus au monde... avec Maman.

Le lendemain matin, je me réveille, bien décidé à faire preuve de mauvaise volonté. La nuit agitée que j'ai passée ne m'a pas mis en forme.

Annie entre dans la chambre. Je fourre ma tête sous l'oreiller. Elle s'assoit sur le bord de mon lit. Je me crispe.

— Franck !

— ...

— Franck ! Lève-toi ! Il est l'heure !

— ...

— Allons, Franck ! Sois raisonnable !

Ah ! Elle a une voix, cette fille ! A faire fondre les cœurs les plus endurcis. Je résiste quand même et ne bouge pas d'un pouce.

— Franck ! Lève-toi ! Tu vas être en retard... D'autant qu'il n'y a aucune raison pour que tu réagisses ainsi.

Mes dents se desserrent quelque peu. Je siffle :

— Je sais pas ce qu'il te faut !

— Ton père a changé d'avis !

J'émerge de sous l'oreiller. La lumière me fait froncer les sourcils. Je grimace :

— Tu me racontes des blagues et ça ne me fait pas rigoler.

Annie me tend un papier.

— Tiens ! Lis !

Je découvre ces quelques mots griffonnés en hâte par mon père :

Franck, j'ai changé d'avis. C'est d'accord. Nous irons à ton concert rock.

Papa.

C'est trop beau ! Je ne sais pas encore si je rêve ou si je suis bien réveillé. Je regarde Annie. Elle me fait un clin d'œil complice. Alors, je lui saute au cou et je lui fais une ÉNORME bise. Je sais que c'est elle qui a renfloué mon bateau.

Quelques jours plus tard, nous avons une réunion avec les parents pour se

partager le travail. Papa tiendra la bu-
vette. Annie sera aux entrées.

D'autres difficultés ont surgi au cours
de nos préparatifs mais nous les avons
dépassées assez facilement.

Nous avons aussi réalisé de nombreu-
ses affiches que nous avons collées dans
la ville et dans les environs. On peut y
lire :

GRAND CONCERT ROCK
SAMEDI 30 MARS
21 h 30
salle de la maison des jeunes
avec le groupe
ICEBERG
Une organisation : Patates Production

Patates Production, c'est nous, notre
classe. A cause du nom que porte notre
école. Ça nous a bien fait rigoler quand
nous l'avons trouvé, ce nom.

15. Concert rock

Les musiciens d'Iceberg sont venus cet après-midi mettre leur matériel en place. Le branchement des instruments et de ce qui les accompagne est compliqué ! C'est incroyable. Je me demande encore comment les gars peuvent ne pas se tromper dans un fouillis pareil. Il y a des fils partout ! Mais apparemment, Claude et son équipe s'y sont retrouvés sans problème. Après quelques essais, ils nous ont même offert un mini-concert rien que pour nous. Ah ! C'était terrible, mais terrible ! Et je suis certain que ce sera encore mieux tout à l'heure.

Bon, je dois rejoindre ma place. Je suis à la console avec Mimi, un copain de la Taupe qui est spécialiste en ce domaine. Nous allons régler le son et les éclairages tout au long de la soirée. Je ne connais pas grand-chose mais Mimi a l'air très sûr de lui. Cela tranquillise le débutant que je suis.

Ça y est ! Les premiers spectateurs arrivent. Nous branchons le magnéto-phone et la musique d'ambiance commence à défiler. Le compte à rebours se déroule. Plus question de reculer.

Du haut de mon perchoir, je contemple la salle qui se remplit peu à peu. J'ai un pincement au cœur. Pourvu que nous ne subissions pas un nouvel échec. Nous ne nous en relèverions pas, cette fois. Je ne sentirais pas l'odeur de la mer de sitôt.

Gamine, préposée aux entrées avec les parents de Couscous et Annie, vient me donner des nouvelles :

— Déjà cinquante entrées !

— C'est tout ?

— C'est pas si mal ! Le concert ne débute

que dans une demi-heure. Tu verras, la salle sera pleine à craquer !

— Espérons que tu aies raison.

— Bien sûr, que j'ai raison !

Gamine s'éloigne. Quel moral ! Je voudrais en avoir autant mais l'affaire est trop importante pour que je sois détendu.

La salle continue de se remplir. Dans un quart d'heure, le spectacle commence. Claude, Fanfan, Michel, Patrick et Jean-jean arrivent. Je les dévisage tour à tour, un sourire crispé au coin des lèvres. Tous me lancent un regard confiant. Ils ont l'air en forme. Tant mieux ! Les voici qui disparaissent dans les coulisses.

Les gens entrent par groupes importants. Gamine fait un nouveau tour pour nous tenir au courant. Son visage s'éclaire d'un très large sourire.

— Trois cents ! me crie-t-elle en passant.

Pas mal... mais ce n'est pas encore suffisant.

Ce sera le dernier nombre d'entrées qui me sera communiqué avant la fin du concert. Je ne connaîtrai le véritable résultat que vers minuit. Dur !

Les spectateurs pénètrent maintenant au compte-gouttes. C'est bien, dans un certain sens, car il n'y a plus grand-place. La salle grouille de monde. J'ai l'impression d'étouffer. En plus, l'air s'épaissit de la fumée des cigarettes. Vivement que le concert commence ! Je suis fatigué par cette attente.

Mimi m'a expliqué une dernière fois mon travail : j'allumerai les projecteurs. Je devrai faire attention. Pourvu que je ne me trompe pas !

Je jette un regard distrait en direction de la foule. Soudain, mon sang ne fait qu'un tour. Je m'exclame :

— Non ! Je rêve !

Rien qu'à voir son sourire, je sais que je suis éveillé. Laura est là ! Quelle surprise ! Elle ne m'avait rien dit, la chipie ! J'ignore si j'en suis heureux. Tout ce que je sais, c'est que mon trac, qui était déjà énorme, a encore augmenté. Ma copine s'approche. Elle porte un jean serré et un chouette blouson de cuir couvert de badges. Une vraie rockeuse.

chapeau !

— Je suis venue avec mon grand frère, m'annonce-t-elle. Chapeau ! Ça a l'air bien organisé !

Je voudrais lui répondre mais j'en suis incapable. Laura comprend combien j'ai peur. Elle m'adresse son plus beau sourire et me fait un clin d'œil :

— Allez, vas-y Franck ! Fais-nous du bon travail. Je suis avec toi mais ne le répète pas... C'est un secret.

Et elle disparaît dans la marée humaine. Cette fois, je ne sais plus vraiment où je suis. Je ne touche plus terre. Est-ce que je vais être capable de m'en sortir ?

La Taupe vient à son tour.

— Ça va, Franck ?

Je lui adresse un sourire de marionnette en papier mâché. Il me regarde de ses yeux bleus comme un rêve d'été. Je le sens sûr de lui. Cela me redonne un peu confiance. Je voudrais lui dire quelques mots, lui faire part de mes inquiétudes mais Mimi ne m'en laisse pas le temps :

— Tu y es, petit ?

— ... Oui...

— Alors, allons-y !

Mimi coupe le magnétophone. Les mains tremblantes, j'éteins les lumières de la salle et allume les deux projecteurs blancs de la scène. Je n'ai plus le temps de m'apitoyer sur mon sort, il faut y aller. Les autres comptent sur moi. Laura me regarde. Je le sais, même si je ne la vois pas.

Fanfan, Michel, Claude et Patrick entrent en scène et gagnent leurs places. J'attends que Claude frappe sa caisse

154

claire pour allumer les projecteurs rouges.

Attention... C'est parti ! Roulement de baguettes sur la peau. Les projecteurs s'allument. La guitare de Michel s'accroche au son de ses notes lourdes. Patrick entre bientôt dans le jeu. Fanfan vient à son tour étoffer la mélodie qui se dessine. La mayonnaise prend, comme dirait Couscous ! Ça tourne les petits ! Les premiers spectateurs, bercés par le tempo, commencent à s'agiter, à danser. Fanfan se lance déjà dans un solo de guitare à vous faire des nœuds à l'estomac puis il tire sur ses cordes, modulant une note plaintive : le cri d'un 'paumé dans une cage d'escalier (je reconnais cette plainte, j'ai déjà entendu hurler de ces types malheureux). J'allume alors les projecteurs verts. Les rouges s'éteignent. Jeanjean entre en scène. Il se précipite vers le micro, le regarde comme une idole et lui fait aussitôt ses confidences de rocker. D'une voix tour à tour caressante, grave, vibrante, moqueuse, il écorche et flatte les sens des spectateurs, leur procure des impressions en provenance directe d'un monde étrange... à moins que ce ne soit du nôtre.

La foule danse avec frénésie. J'oublie la zone aux insectes. J'oublie notre mésaventure du marché. J'oublie les tortures de l'école... avant l'arrivée de la Taupe. Les sons me transpercent de part en part et se délayent en moi comme une confiture au délicieux goût acide.

Je joue sur les lumières au rythme de la musique. Sur scène, véritables machines multicolores, les gars donnent tout ce qu'ils ont dans le ventre. Quel merveilleux cadeau ils nous offrent !

Quand je perçois les premières notes d'*Un été sur la plage*, mon cœur fond. Mon bonheur est immense. Je suis sur la plage et je m'enivre de l'odeur de la mer. En plus des copains, je participe au spectacle. Les éclats de lumière qui naissent sous mes doigts se marient avec la mélodie. Ils la soulignent. Ils la rendent encore plus belle. J'en pleurerais de joie !

Et le concert se déroule ainsi pendant près de deux heures. Les musiciens sont rappelés à quatre reprises. A chaque fois, sous de véritables tonnerres d'applaudissements et de sifflets endiablés.

Enfin, la fête se termine et la salle se vide peu à peu.

Tellement absorbé par mon travail, j'en ai oublié Laura. Je ne l'ai pas vue s'approcher.

— Bravo mec ! me chante-t-elle, mi-moqueuse, mi-admirative. Tu as été à la hauteur ! ! !

Puis elle m'envoie un baiser du bout

cinq cent quarante-deux entrées !

157

des doigts et court rejoindre son frère qui s'apprête à sortir.

Épuisé, à bout de forces, je ne suis pas encore remis de mes émotions quand Gamine se précipite vers moi :

— Cinq cent quarante-deux entrées et plus de huit cents boissons vendues ! Tu vas sentir l'odeur de la mer pendant deux bonnes semaines, mon vieux Vermillon !

16. Préparatifs

Nous avons examiné les résultats de la soirée rock dès le lundi suivant. Merveilleuse soirée, en vérité. Elle nous a fait faire un pas de géant en direction de la mer et elle a été plus efficace que les bottes de sept lieues du Petit Poucet. Nous avons recueilli assez d'argent pour partir. Ce sera juste mais cela suffira.

Pour préparer notre voyage, nous nous sommes répartis en groupes de deux ou trois. Chaque équipe a une tâche précise, le maître fait la navette entre nous tous.

Édredon, José et Émilia établissent la liste des vêtements que chacun devra emporter. La Taupe nous a dit que cela s'appelait le trousseau. Nous, on veut bien mais ce sont plutôt les clés qui se mettent en trousseau, pas les vêtements.

Akim et la Concierge écrivent aux syndicats d'initiative de la région de Cancale pour savoir ce qu'il y a de joli à voir ou d'intéressant à visiter près du lieu de classe de mer.

Couscous, Nelly et Gamine s'occupent du voyage : renseignements sur les horaires des trains, changements s'il y en a et achat des billets. Pour ce dernier point, la Taupe accompagnera les copains, un mercredi, à la gare.

Fabrice, Nathalie et moi avons été chargés de contacter le directeur du château dans lequel nous allons vivre pour connaître un peu l'endroit. Ce directeur veut qu'on l'appelle par son prénom : Gilbert. Ça nous changera de Pépé Joulot qui exige d'être appelé M. Joulot. Gilbert a l'air très sympa. Il a le même accent que M. Stéphani qui habite au-dessus de chez nous et qui vivait autrefois en Algérie. La voix de Gilbert chantait dans le téléphone.

Le château porte un très joli nom : le castel de Barbe-Brûlée. Ça nous a tellement plu que nous avons inventé une histoire pour lui donner une explication. Elle est déjà affichée sur les murs de la classe et je l'ai recopiée pour la faire lire à Laura. Elle l'a beaucoup aimée. La voici :

Cela se passe il y a très longtemps, là où se trouve le château aujourd'hui, sur la pointe rocheuse qui s'enfonce dans la mer entre l'anse de Port-Mer et la pointe du Grouin. Cette langue de terre protège l'anse des tempêtes et barre le chemin au terrible courant qui se crée dans le chenal de Vieille-Rivière, entre la pointe du Grouin et l'île des Landes, située à petite distance de la côte.

Une cabane en mauvais état se dressait là. Un homme y vivait, solitaire, se nourrissant des produits de la mer qu'il allait chercher sur les plages voisines, à marée basse. De temps à autre, il partait vers le

161

large sur une minuscule barque pour pêcher. Nul ne connaissait le nom de cet homme qui semblait installé là depuis toujours... D'où venait-il ? Personne ne le savait. Comme il portait une gigantesque barbe blanche, on l'avait surnommé Barbe-Blanche.

Barbe-Blanche était un individu bizarre, secret, inquiétant même. Peut-être était-il sorcier ?

Par beau temps, il n'était pas rare de l'entendre parler à la mer comme à un parent, d'une voix douce et calme. Il devenait alors facile de l'approcher car il ne voyait plus personne. Tout son corps, tout son esprit paraissaient dirigés vers ce qu'il racontait à la mer. Il parlait une langue étrange. Aucun marin cancalais qui avait parcouru le monde sur les navires de Saint-Malo ne la comprenait.

A croire que Barbe-Blanche avait un pouvoir sur la mer. S'il lui parlait quelquefois par beau temps, il descendait toujours auprès d'elle quand elle se mettait en colère, à n'importe quel moment du jour ou de la nuit. Il se rendait alors sur le dernier rocher de la pointe du Grouin et hurlait des incantations. Le spectacle était fantastique : la silhouette du vieillard se découpait sur une mer en furie, à chaque éclair. Il levait les bras au ciel et bondissait comme s'il piétinait des charbons ardents. L'île des Landes, formidable bloc de pierres déchiquetées, renvoyait le son de sa voix.

Cette scène était tellement hors du commun que les gens de Cancale se rendaient en masse à la pointe du Grouin pour y assister. C'est pourquoi il y eut de nombreux témoins aux événements qui allaient donner leur nom au château et à la pointe rocheuse sur laquelle il est bâti.

Cela arriva par une nuit plus sombre que le contenu d'un sac de charbon. Le vent s'était levé à la fin du jour et les nuages l'avaient suivi de peu. La tempête s'annonçait terrible et elle allait tenir cette sinistre promesse.

Vers minuit, alors que des vagues énormes vomissaient leur écume, Barbe-Blanche se rendit à la pointe du Grouin.

Il entra aussitôt en transe et ne fut bientôt plus qu'une marionnette gesticulante et hurlante. Son corps ne semblait plus lui appartenir.

Une heure s'écoula ainsi et la mer ne se calmait pas. Tout à coup chacun des témoins put apercevoir dans le lointain les feux d'un navire apparemment en perdition. Un frisson d'horreur parcourut l'assemblée. Le navire filait droit vers la pointe du Grouin et courait à sa perte. Les écueils éventreraient sa coque frêle et il coulerait corps et biens.

Barbe-Blanche l'aperçut et redoubla d'énergie, comme pour supplier la mer de ne pas le sacrifier. Mais le bateau continuait sa route. Dans peu de temps, il se fracasserait sur les rochers de la pointe du Grouin.

Soudain, Barbe-Blanche saisit sa barbe et l'arracha en poussant un cri de douleur. Puis il en fit un tas et il claqua les doigts de sa main droite. Une gigantesque flamme jaillit de son pouce et embrasa la barbe. Celle-ci brûla en répandant une lueur aveuglante. On voyait comme en

plein jour. La barbe se consuma jusqu'à
ce que le navire soit en sécurité. Malgré le
vent terrible, les vagues disparurent
autour du bateau désemparé, faisant
place à une mer d'huile. Le courant du
chenal de Vieille-Rivière s'amplifia, se
saisit du navire et le déposa à l'abri des
fureurs de la mer, dans l'anse de Port-
Mer.

Le vieillard rentra ensuite chez lui
mais il trouva sa cabane effondrée.
Comme si la tempête s'était vengée, déçue

de n'avoir pu engloutir quelques victimes de plus.

Les Cancalais en furent émus et construisirent un château de granit à l'emplacement de la cabane, pour y héberger le vieil homme. Ce château fut appelé : le castel de Barbe-Brûlée.

Cette histoire, en vérité, nous ne l'avons pas écrite tout de suite. Nous nous la sommes d'abord racontée sur un magnétophone. C'était beaucoup plus facile. Ensuite, nous l'avons retranscrite sur les papiers qui sont affichés. Le maître nous a aidés à arranger les phrases qui n'allaient pas... et il y en avait un paquet.

C'est une belle histoire. Elle n'a sans doute aucun rapport avec la vérité mais c'est la nôtre, celle que nous avons inventée... et elle nous plaît !

Le jour du départ approche. Si nous travaillons beaucoup à l'organisation de notre séjour à Cancale, nous ne faisons pas que ça. Les cours habituels continuent.

166

Il y a peu de temps, nous avons bien rigolé au cours d'une leçon de vocabulaire. Nous cherchions des exemples de familles d'animaux comme le cheval, la jument et le poulain ou le coq, la poule et le poussin. Couscous, mon voisin, m'a soudain donné un coup de coude et m'a soufflé :

— Dis : le renard, la renarde et le renardeau. J'ai un jeu de mot à placer après mais il faudra que je garde mon sérieux.

Quand il y a une bonne blague en vue, je n'hésite pas. J'ai clamé :

— Le renard, la renarde et le renardeau !

La Taupe, satisfait, a écrit mon exemple au tableau. C'est alors que Couscous a proposé :

— M'sieur ! J'en ai un du même genre. On retrouve le nom du père dans chaque mot... C'est : le loup, la loupe et les loupiaux !

Il y eut d'abord un silence à couper au couteau puis, tout à coup, un immense éclat de rire. La Taupe a rencontré quelques difficultés pour ramener le calme mais cela ne l'a pas énervé. Il sait plaisanter.

L'ambiance n'est pas toujours aussi détendue mais on ne voit tout de même pas le temps passer. C'est chouette, l'école !

le loup, la loupe et les loupiaux

17. L'odeur de la mer

Ça y est, ma valise est bouclée ! Papa et Annie m'accompagnent à la gare en voiture.

C'est bizarre. Je suis heureux de partir mais je suis en même temps angoissé. C'est la première fois que je quitte la zone aux insectes sans un membre de ma famille et cela m'inquiète un peu. C'est vrai, quoi ! On s'habitue à tout.

En fait, je crois surtout que ce sont les gens qui l'habitent et que j'aime qui me retiennent. Je veux dire : ceux qui me sont proches : Papa, Annie, mes frères et ma sœur. Les autres ne sont que des étrangers qui me laissent indifférent. Par chance, les copains seront avec moi... et puis la Taupe sera là aussi. C'est presque un copain maintenant.

Si mon cœur se serre, c'est également parce que Laura ne m'accompagne pas. Sacrée Laura ! Elle est vraiment gentille, cette fille. Et dire qu'avant je la prenais pour une prétentieuse. Comme je me trompais !

Nous sommes devenus de vrais amis. Je me demande même parfois si elle ne compte pas un peu plus que mes copains de classe. Ils sont chouettes, mes copains de classe, mais je n'ai jamais avec eux les discussions que j'ai avec Laura... Depuis deux mois, nous nous sommes retrouvés pratiquement tous les jours.

Ce matin, Laura ne viendra pas à la gare. Il est très tôt et nous ne voulons pas non plus que les copains nous voient ensemble. J'ai déjà l'impression qu'ils se doutent de quelque chose. Ils pourraient finir par s'imaginer n'importe quoi. Ils se mettraient alors à se moquer de nous, gentiment, j'en suis certain, mais ça ne

170

fait jamais plaisir. Les murs seraient bientôt gribouillés de nouvelles inscriptions du genre :

Vermillon aime Laura

ou

Laura + Vermillon = Amour

Nous aurions l'air malin. Et puis, ça gâcherait le plaisir que nous avons à nous retrouver.

J'écrirai deux ou trois lettres à Laura pendant la classe de mer. Elle, elle va m'envoyer une histoire inventée pour moi. Elle me l'a promis. J'ai hâte de la lire...

Nous garons notre voiture sur le parking de la gare. J'ai reconnu le tacot rouillé des parents de Fabrice à proximité. Tant mieux ! Je ne serai donc pas le premier et je n'aurai pas le temps de me sentir seul.

Papa veut porter ma valise et je la lui reprends. Nom d'un chien ! Je ne suis plus un gamin. Je suis capable de la porter moi-même. D'ailleurs, j'ai intérêt à m'entraîner car, lors des changements de train, il va falloir se débrouiller. Papa ne sera plus auprès de moi et la Taupe ne pourra jamais porter douze valises en même temps.

Édredon est déjà là, lui aussi. Quand je dis qu'il faudrait lui trouver un autre surnom ! Il arrive dans les premiers maintenant. Plus question d'être en retard ou de dormir debout.

En réalité, je suis loin d'être le troisième à pénétrer dans la gare. José est également dans le hall. Il semble très excité. Couscous et Fabrice ont le regard perdu dans le lointain. Émilia joue les mères poules et Nathalie soupèse les valises les unes après les autres. La Concierge fait son entrée juste après moi, toujours aussi bavarde, commentant chaque détail du bâtiment :

— Ouah ! Il y a une chouette pendule ici. Et là, regarde, Papa, un guichet. On dirait que le bonhomme est dans un bocal ! ! ! Pfffuuu... Qu'est-ce que c'est haut de plafond ! Doit y avoir des nuages là-dedans de temps en temps...

Moi, j'admire ses parents. Je me demande comment ils font pour vivre avec elle et la supporter. Qu'est-ce qu'elle doit être fatigante ! Déjà en classe, c'est tout un poème !

La Taupe n'est pas encore là. Akim, Nelly et Gamine non plus. Pourvu que personne ne soit en retard, le train part dans un quart d'heure.

Je pense à notre voyage. Nous avons étudié l'itinéraire en classe. Nous prenons le train à Blois. Nous longerons la Loire jusqu'à Tours. Là, premier changement. Nous remonterons ensuite vers Le Mans où nous prendrons un troisième train en direction de Rennes. Le dernier changement s'effectuera dans cette ville et nous rejoindrons Saint-Malo où un car nous attendra à la gare pour nous emmener au château de Barbe-Brûlée. Au total, nous aurons parcouru trois cent soixante-dix kilomètres. Près de cinq heures de voyage. J'ai peur de trouver le temps long.

Encore dix minutes. Les trois derniers copains arrivent mais la Taupe n'a toujours pas montré le bout de son nez. Il ne

s'agirait pas qu'il nous fasse faux bond !

Plus que cinq minutes. La Taupe entre à toute allure dans le hall. Il bredouille tout essouflé :

— Pardonnez-moi. J'ai eu un accrochage avec ma voiture.

— Pas grave, j'espère ? s'inquiète Papa.

— Rien de sérieux... Un peu de tôle froissée.

— Vous allez laisser votre 2 CV pendant deux semaines sur le parking ?

— Non ! Mon amie repart avec.

174

D'un geste, la Taupe nous présente alors une jeune femme brune qui se trouve derrière lui. Je ne l'avais pas encore remarquée. Elle nous adresse un sourire. Je la trouve jolie.

— Bon ! En route pour le castel de Barbe-Brûlée !

Chacun empoigne sa valise. Celle de Couscous paraît particulièrement lourde. Je lui demande :

— Qu'est-ce que tu as mis dedans ?

— Mes vêtements... plus quelques livres de cuisine.

— Pourquoi ?

— Pour les passer au cuistot s'il ne nous mijote pas des trucs terribles !

— Gilbert a dit qu'il était très bien. Tu ne crains pas le vexer ?

— Non ! Je m'en ferai même un copain. Je pourrai peut-être mettre la main à la pâte.

Nathalie est toujours aussi costaude. Elle porte sa valise avec autant de facilité que si elle était remplie de plumes.

Au moment de monter dans le train, mon cœur se serre à nouveau. J'aurais aimé que Laura soit là. Gamine a les yeux qui se voilent. Elle ravale quelques sanglots.

Chacun trouve une place auprès de son copain préféré. Moi, j'aime tout le monde et, comme nous sommes onze et que l'un d'entre nous devra se mettre à côté de la Taupe, je m'installe sur le siège voisin de celui du maître. Il m'impressionne encore un peu...

Les valises sont en place. Le train s'ébranle.

— En route pour l'aventure ! jubile José. Cancale, nous voilà !

Nous agitons nos mains derrière les vitres en réponse aux gestes de nos parents. Les silhouettes familières disparaissent bientôt. C'est parti ! Dans cinq heures, je connaîtrai l'odeur de la mer. Mon rêve se réalisera.

Au début, je ne sais pas comment m'installer et, surtout, je ne sais pas quelle attitude prendre envers la Taupe. C'est le grand silence entre nous jusqu'à Tours.

La Taupe rompt ce silence, peu après notre départ dans le nouveau train. Nous parlons d'abord de la pluie et du beau temps puis je lui parle de ma passion pour le foot. Je ne suis pas aussi mordu que José mais j'apprécie tout de même beaucoup ce sport. Ensuite, nous rigolons un peu. On vient à causer de Couscous. Il est très fort en cuisine mais aussi en jeux de mots.

— Ça ! reconnaît la Taupe. Inutile de le laisser mijoter longtemps pour qu'il nous en sorte deux ou trois bien assaisonnés.

Et le maître rappelle plusieurs moments de la vie de la classe où Couscous s'est mis en évidence. Il rit de bon cœur et cela me met d'excellente humeur.

Lancé à discuter de ce que j'aime, je raconte mon amitié avec Laura. Bien vite, j'ai peur de voir la Taupe se moquer de moi mais pas du tout, au contraire. Ce n'est pas son genre...

— Ainsi tu es l'ami d'une élève de CM2 ? souffle-t-il, rêveur.

— Oui. Et c'est grâce à notre livre *Deux enfants au pays des fées et des sorcières*

177

que nous avons fait connaissance...
Laura écrit aussi des histoires et notre
bouquin lui a beaucoup plu.

— Il faut reconnaître qu'il est réussi.

— Parce que vous nous avez aidés.

— Bien sûr ! Mais presque toutes les
idées sont de vous et ce n'est pas évident
d'avoir de telles idées. Pour le reste, il est
normal que je vous aide. C'est mon travail...

Notre arrivée au Mans interrompt la
conversation mais elle reprend dès notre
nouveau départ.

Nous parlons alors de la ZUP, de ce qui
y est bien : les copains, le terrain vague,
notre cabane, la classe (ça, ça me fait
sourire. Je pense qu'il y a encore peu de
temps, je détestais l'école. Maintenant,
j'y vais avec plaisir).

Bientôt, une question me brûle les
lèvres mais j'hésite longtemps avant de
la poser. Enfin, je me jette à l'eau :

— Vous aimez votre métier, m'sieur ?

— Évidemment. Ceux qui n'aiment pas le
leur sont très malheureux.

— Papa n'aime pas le sien. Il travaille dans une usine... C'est peut-être pour ça qu'il est souvent de mauvaise humeur.

— Peut-être !

— Pourquoi avez-vous choisi ce métier ?

— Parce que j'aime les enfants.

— Et vous nous aimez, nous ?

— Bien sûr !

— Pourtant, nous ne sommes pas forts... A part Fabrice.

— Je ne juge pas mes élèves sur ce qu'ils sont capables d'apprendre.

— Alors pourquoi nous aimez-vous ?

— Ouh là !... Ce n'est pas facile à expliquer... Disons que, pour résumer, vous m'êtes très sympathiques.

— Vous aussi vous êtes sympa, m'sieur.

— Merci... Tiens, je crois que nous arrivons à Rennes.

Dans le train suivant, nous voyageons en compartiment et je ne suis plus assis à côté de la Taupe. Pourtant, je ne joue pas aux cartes avec les copains et je repense à ses paroles. Il est le premier maître à dire qu'il nous aime. C'est fantastique !

A Dol, une odeur bizarre me chatouille les narines. Il y a l'odeur habituelle des trains, mais une autre est venue s'y ajouter, indéfinissable encore.

Enfin, nous abandonnons le chemin de fer en gare de Saint-Malo. Là, la nouvelle odeur se fait beaucoup plus forte. Un courant d'air frais nous l'apporte (mais je n'ose encore croire qu'il s'agisse de l'odeur de la mer). Elle est trop mélangée aux relents de la ville.

Les copains sont énervés et ne semblent plus se préoccuper du poids de leurs valises. Ils bondissent vers le car qui va nous transporter jusqu'au château de Barbe-Brûlée.

Le chauffeur nous attend à la porte et se présente :

— Bonjour ! Je m'appelle Gilles. Je conduis le car aujourd'hui mais je suis moniteur de voile en temps normal.

Il serre la main de chacun puis continue :

— Nous ne pourrons malheureusement pas prendre la route du bord de mer à

180

cause des travaux. Je regrette. Elle est vraiment très belle et j'aurais aimé vous en faire profiter.

Gilles n'a pas beaucoup de cheveux mais il est plein de sourires. J'oublie ma déception de ne pas voir la mer dès maintenant.

Le voyage n'est pas long et le car entre bientôt dans la cour du château. Le bâtiment n'est pas très grand mais il est beau, majestueux malgré ses formes lourdes. On le devine capable de résister à tous les coups de vent. Nous sommes pressés de descendre. Le car s'immobilise.

— Laissez vos valises et venez voir la mer tout de suite ! « ordonne » la Taupe.

Ah ! Nous ne nous faisons pas prier pour exécuter cet ordre des plus doux. Nous nous précipitons de l'autre côté du castel de Barbe-Brûlée. Au coin du château, le spectacle qui s'offre à mon regard me cloue sur place.

Un soleil resplendissant comme les cheveux de Laura, au milieu d'un ciel

sans nuage, éclaire une mer immense
parcourue çà et là de bateaux aux voiles
colorées. Une brise fraîche m'apporte
l'odeur de mer. Curieuse sensation !
Cette odeur est à la fois douce et amère.
Elle me prend le cœur et l'embrasse de
mille baisers humides.

Je me tourne vers la Taupe qui se

trouve derrière moi et lui demande, dans
un élan de bonheur :

— Je peux vous tutoyer, m'sieur ?

Il me répond d'une voix calme où je
devine malgré tout une pointe d'émo-
tion :

— Bien sûr Franck ! Tu peux me tutoyer
et m'appeler David... et tes copains aussi !

Alors, je fixe ses yeux qui ont, en fait, la couleur de la mer.

— Tu vois, David, je ne savais pas, je ne pouvais pas imaginer que la mer sente aussi bon ! Elle a comme une odeur d'amitié, tu ne trouves pas ?

Table des matières

Castor Poche

Des livres pour toutes les envies de lire,
envie de rire, de frissonner,
envie de partir loin
ou de se pelotonner dans un coin.

Des livres pour ceux qui dévorent.
Des livres pour ceux qui grignotent.
Des livres pour ceux qui croient ne pas aimer lire.
Des livres pour ouvrir l'appétit de lire et de grandir.

Castor Poche rassemble des textes du monde entier ; des récits qui parlent de vous mais aussi d'ailleurs, de pays lointains ou plus proches, de cultures différentes ; des romans, des récits, des témoignages, des documents écrits avec passion par des auteurs qui aiment la vie, qui défendent et respectent les différences. Des livres qui abordent les questions que vous vous posez.

Les auteurs, les illustrateurs, les traducteurs vous invitent à communiquer, à correspondre avec eux.

Castor Poche
Atelier du Père Castor
4, rue Casimir-Delavigne
75006 PARIS

Castor Poche, des livres pour toutes les envies de lire: pour ceux qui aiment les histoires d'hier et d'aujourd'hui, ici, mais aussi dans d'autres pays, voici une sélection de romans.

635 **Sauvez Willy 3**   **Junior**
par Todd Strasser

Jesse est presque un homme désormais. Il n'a rien perdu de sa passion pour les orques, et il travaille avec Randolph pour leur protection. Il retrouve Willy tous les ans. Mais leur route va croiser des pêcheurs prêts à tout pour capturer des orques. Max, un jeune garçon, va les aider de tout son cœur…

616 **Le gardien du chateau**   **Senior**
par Nadine Brun-Cosme

Trois nouvelles, Le gardien du château, Maël, La maison d'en bas, qui évoquent l'attente de l'autre, l'émoi de la rencontre, la douleur de l'absence, mais aussi la joie de la rencontre. Laissons les mots ouvrir la porte du souvenir, saisir les sensations fugaces du temps qui passe.

615 **Le dresseur d'ours**   **Senior**
par Harriet Graham

Avant d'être apprenti-tanneur, Guillaume a connu la douceur d'une famille heureuse. C'était avant, avant la mort de son père, avant le remariage de sa mère… il y a si longtemps. Mais Guillaume a le don de dresser les ours, don très convoité en ces temps où les ours apprivoisés vont de ville en ville, de pays en pays… Guillaume part pour un long voyage avec une troupe de saltimbanques.

614 **La vengeance d'Emily Upham**   **Junior**
par Avi

Le père d'Emily est ruiné et mêlé à une histoire de hold-up! C'est beaucoup d'émotions pour la jeune et précieuse Emily. Seth Marple, un jeune va-nu-pieds, propose de l'aider. Mais quelle aide! Entre Seth l'intrépide et la précieuse Emily la rencontre est explosive.

605 **Le puits**   Senior
par Mildred D. Taylor
La sécheresse est terrible, elle a tari tous les puits de la région.
Tous sauf celui des Logan, famille de fermiers noirs aisée. Les
Logan partagent cette eau précieuse de grand cœur, avec tous.
Mais en 1910, dans le Sud américain, les rancœurs contre les noirs
persistent ; tout au long de l'été, la tension va monter…

600 **Le jour de la photo**   Junior
Par Corinne Fleurot
La Grande Catoche règne sur l'école. Décidée, voire tyrannique,
elle domine la cour de récréation. Hélène vit dans l'ombre de son
aînée, pourtant, le jour où la Catoche subira une grande humi-
liation publique c'est auprès d'Hélène qu'elle trouvera la force de
faire face. Solidaires dans l'épreuve, les deux sœurs tisseront une
vraie complicité.

598 **Un Périgourdin aux Indes**
Les Tibeyrant   Senior
par Thalie de Molènes
François et Edmée coulent des jours tranquilles à Plazac. Mais
François reçoit un appel au secours de Kamala : Edmond, son fils,
a disparu. François part aux Indes, à la recherche de son neveu
et de Louis de Ponchapt, le fils d'Edmée. Avec son compagnon de
route Yvon, il va traverser l'Inde de la fin du XVIIIe siècle…

594 **Célestine ou les parfums caméléons**   Junior
par Marie Saint-Dizier
À Ici-bas, où règne le tyrannique Mister Nose, Célestine rencontre
une bande de chiens errants. Ils ont perdu la mémoire de leur vie
d'antan. Bientôt des chiens disparaissent, ils ont suivi un parfum,
évocation d'un souvenir délicieux. Célestine, seule, pressent que
ces parfums diffusent un piège pour ses amis…

Roman

590 **Le champ de personne** Senior
par Daniel Picouly

Le Mohican, onzième d'une famille de treize enfants vit dans un petit pavillon de banlieue. Sa famille, grande tribu généreuse, est solidaire et la vie n'est jamais monotone pour le Mohican, entre le football (sa grande passion) et les dictées (sa terreur), entre rêves et rires. *Le champ de personne* est la chronique d'une journée comme les autres…

589 **L'homme de l'autre côté** Senior
par Uri Orlev

En 1942, Marek vit à Varsovie et aide son beau-père à convoyer des marchandises vers le ghetto des juifs. Il éprouve à leur égard une certaine défiance. Quand sa mère lui apprend que son père était juif communiste, et mort en défendant ses idées, le jeune homme s'engage dans la lutte.

581 **Ce cher Monsieur Dieu** Senior
Par Klaus Kordon

Monsieur Dieu n'est pas un facteur pas comme les autres : il substitue les lettres annonçant de mauvaises nouvelles à ses amis et les remplace par de bonnes nouvelles. Mais un jour, le pot aux roses est découvert…

580 **La sœur de mon frère** Senior
Par C. S. Adler

L'arrivée de Youn Hee, petite coréenne que sa mère a décidé d'adopter, est difficile pour Caitlin. Youn Hee n'est venue que pour retrouver son petit frère, Simon, dans la famille depuis longtemps, et complètement américain. Caitlin fera tout pour tenter d'apprivoiser sa nouvelle sœur.

579 **La lettre déchirée**   **Senior**
Par Ella Balaert

Pas facile d'avouer qu'on ne sait pas lire, quand on a treize ans. Stéphane, muré dans la solitude depuis le départ de son père, se débat comme il peut dans un monde de mensonges et de dissimulations. Mais son secret lui pèse de plus en plus. Jusqu'à quand pourra-t-il le taire?

578 **Roues libres en Californie**   **Senior**
Par Gary Soto

Hector et Mando, pour échapper à l'ennui d'un été désœuvré, partent vers la plage de Santa Monica à vélo. C'est l'occasion de faire la tournée de la nombreuse famille d'Hector, truculente à souhait et aussi selon les quartiers où oncles et tantes habitent. En avant pour une balade chez les «chicanos»…

576 **Laissez danser les ours blancs**   **Senior**
Par Ulf Stark

Après le divorce de ses parents, Lasse part s'installer avec sa mère chez son nouvel ami, qui décide de transformer le jeune homme cancre et fils de boucher, en bon élève bourgeois modèle. Lasse joue le jeu, et s'éloigne peu à peu de son père. Entre ces deux mondes, Lasse a bien du mal à retrouver sa place et ses repères.

572 **Sous le soleil de minuit**   **Senior**
Par Simone Schmitzberger

Pour Max, ce camp de vacances itinérant en Norvège commence mal. Malgré sa bonne volonté, il n'arrive pas à faire rire sa charmante voisine, à la mine renfermée. Heureusement, Marie lui sourit. Au fil de leur périple, les adolescents vont apprendre à mieux se connaître, des amitiés vont se nouer, des drames vont se jouer.

Cet
ouvrage,
le cent soixante dixième
de la collection
CASTOR POCHE,
a été achevé d'imprimer
sur les presses de l'imprimerie
Maury Eurolivres
Manchecourt - France
en août 1998

Dépôt légal : septembre 1998.
N° d'édition : 4464. Imprimé en France.
ISBN : 2-08-164464-9
ISSN : 0763-4544
Loi n° 49-956 du 16 juillet 1949
sur les publications destinées à la jeunesse